「思春期トンネル」

高校生
カウンセリング
の記録

Masahiro Kageyama
蔭山 昌弘

「思春期トンネル」

—高校生カウンセリングの記録—

蔭山　昌弘

はじめに

私は静岡県の高等学校で国語を教えながら、同時に、カウンセラーとして多くの人たちのものがきを聴かせてもらってきました。

私がカウンセリングを始めた昭和40年代後半は、静岡県では、ロジャーズのカウンセリング理論による「話を聴いて受けとめる」という方法が主流をなしていました。生徒の話をしっかり聴いて苦悩を受けとめ、解決に向かって自分の足で歩ませるという考え方でした。

やがて昭和50年代になり、学校へ行けない子どもたちが問題になり、登校拒否という言葉が使われるようになりました。学校へ行けずに家にいて苦しんでいる子どもたちは、どんなに厳しく叱っても動きません。それればかりか、叱りつけるとかえって自分の部屋に閉じこもってしまいます。そこで、そのような子どもたちにどう対応したらいいのかということから、カウンセリングによる接し方が注目され、学校へスクールカウンセラーが派遣されるようになりました。登校拒否も不登校という現象名で呼ばれるようになり、さらに、神経症や摂食障害など、心を病む子どもたちの、報告される数が急激に増えていきました。

私は35年余カウンセラーとして、主に思春期の子どもたちと関わらせていただきましたが、子どもたちの苦悩する姿に接していて常に感じることがあります。

一つ目は、苦悩する子どもたちの多くが、家庭を、自分を丸ごと受けとめてもらえる安らぎの場所と捉えていないということです。元気に学校に通い、勉強でも良い成績を取っていれば、家でも居心地が良いのですが、そうでないと、冷たく扱われているかのような、不必要な存在だと思われているかのような、自己否定感を抱いてしまうということです。

二つ目は、学校においても、まるで勉強ができることが人間を評価する全てであるかのように思い、絶えず友だちと自分とを比較しながら毎日を送っているということです。

三つ目は、だから、家庭においても学校においても、自分はダメな人間だとの思いを持って生活しているということです。

心に苦悩を抱えて相談に来る子どもたちの多くは、まじめで、周りの人に対して神経を使って生活しています。純粋な心を持つがゆえに、自分を責め、苦しんでいるのではないかと思います。

子どもは大人によって保護されながら自立に向かって歩んでいきます。だから、子どもたちが自己否定感を持ち、心を苦しめるのは、大人の責任です。子どもたちのもがきや苦しみを、個人の性格や能力によるものだと決めつけてしまわずに、子どもたちをそのように苦しめている学校や家庭や社会のあり方そのものを問い直すことが、大人に求められているのではないかと思います。

私自身も大人の一人として、子どもたちに対する大きな責任を感じています。だから、自分のできることを少しでもやろうと努めているつもりですが、情けないほど微々たる力でしかありません。

☆

このたび、静岡新聞社からカウンセリング実践記録の執筆を依頼され、あらためて私の今まで行ってきたカウンセリングを振り返ってみました。

今までに五千人余の人たちのカウンセリングを行ってきました。カウンセリングの方法や、心得や、失敗例など、いくたびか出版して世に出してきましたが、実践記録のみをまとめて、面接の経過をたどるという内容のものは書いたことがありませんでした。

自分のカウンセリングを振り返るいい機会を与えていただいたと思って、最近行ったカウンセリングの「面接記録」を読み返してみました。うまくいった例やうまくいかなかった例など、様々な事例が綴られていますが、クライエントが苦悩を克服できた場合にいくつかの共通点があることに気づきました。

そこで、私がこれまで行ってきたカウンセリングの方法を三つのタイプに分けて、それぞれの特徴をまとめてみることにしました。

一つ目は、自由連想と夢分析を用いて、主として「クライエントの無意識」に触れていこうとするもの。

二つ目は、面接場面でクライエントの話をよく聴いて、私の考えを伝え、相手の考えの変容を図ろうとするもの。

三つ目は、不登校の場合で、家庭訪問を毎週繰り返して面接し、学校へ出て行ける力を培おうとするもの。

カウンセリングの方法には、このような接し方の他に、行動療法、論理療法、ゲシュタルト療法、ブリーフセラピー、森田療法等々、数多くの方法があります。カウンセラーはそれぞれ自分に適した方法を用いて治療にあたっており、方法に優劣の差があるわけではありません。

☆

私は教員をやりながら、主として児童や生徒を対象にしたカウンセリングを行ってきました。一般社会で行われているカウンセリングは、時間によって費用が定められます。しかし、学校で行うカウンセリングでは費用はかかりません。したがって、一人の生徒に長い期間をかけて面接することが可能ですから、自由連想法や夢分析といった、精神分析を用いた方法でじっくりと面接することもできます。さらに、不登校や家に引きこもる生徒の場合などは、家庭訪問して面接することも可能です。

中学から高校にかけて、いわゆる思春期は、子どもがそれまでの子どもとしての自分を見つめ直し、大人としての自分を新たに作ろうとする時期です。言わば「自分崩し」と新たな自己再構築の時代、「第二の誕生」の時です。したがって、人生の中で最も不安で動揺する時期だと言ってもいいかと思います。そのような時期を歩くわけですから、ひとたび不適応を起こすと、不安が心の中いっぱいにふくれあがり、歩く自信さえ薄れてしまいます。私は、そのような状態を「思春期トンネルの中のもがき」と呼んでいます。ちょうど、まっ暗なトンネルの中に置き去りにされたような状態で、どの方向へ歩いて行ったら出口があるのかもわからず、立ち止まって、やがてしゃがみ込んでしまった状態だと思います。

「トンネルの中にしゃがみ込んでいる」としたら、トンネルの中に入って「心配しなくてもいいよ」と言って横に寄り添う人が必要です。これがカウンセラーです。したがって、カウンセラーの役割の第一は、「思春期トンネル」の中に入って、子どもの不安を受けとめ支えてやることです。次いで、どうやったら「トンネル」を出られるのか、一緒に出口を探すことです。そして、子どもが自分の足で出口に向かって歩いていくように、横に寄り添うことです。「トンネル」は、子どもが自分の足で歩かないかぎり抜け出すことができません。カウンセラーがむりやり手を引っ張って歩くことはできないのです。ところが、「思春期トンネル」ですから、その中でもがくことは、「トンネル」に入る前の状態、つまり子ども時代の自分から、「トンネル」後の大人としての自分に変わるためのもがきでもあるのです。このように、思春期の不適応を、大人としての自分を作るためのもがきの姿だと受けとめることが、「トンネル」を抜け出すために必要な考え方ではないかと思います。

したがって、思春期の不適応にもがく子どもに対して、自由連想や夢分析といった長い期間を必要とする面接を行うのは、不適応の克服だけでなく、「自分崩し」を経て「自分作り」を実現させるという意味も持っているのです。

今回、時間をかけてじっくり面接を行った三例を取り上げてみました。いずれも、クライエントが特定されないように留意して書かせていただきました。

事例を綴った後に、「思春期トンネル」の中にもがく子どもたちに共通するものと、「トンネル」を抜け出すために必要なものをまとめて綴りました。

思春期の子どもたちはもとより、子どもと関わりを持つ多くの方々に読んでいただければ幸いです。

二〇〇八年五月

蔭山　昌弘

目次

第2章　カウンセリング実践記録　―家庭訪問による面接―

第Ⅰ部　カウンセリング実践記録

第1章　カウンセリング実践記録　―自由連想と夢分析による面接―

情緒不安からの脱出　（高校三年生A子さん）

情緒不安の訴え

第1回面接（平成○年9月）

平成○年9月、高校三年生A子さんの面接をすることになりました。家族は40歳代の父（会社員）・母（会社員）・妹（五歳下・中学一年）の四人です。

不安そうな眼差しで相談室を訪れたA子さんは、言葉を一度心の中でつぶやいてから口に出すといった感じで、ポツリポツリと次のような内容を話し出しました。

精神不安に陥っていて自分がどうかなってしまいそう。いつも怯えていて泣いてばかりいる。学校も休みがちになっている。家では、父母の仲が悪い。父親は怖い。激しい口調でものを言われると震え上がってしまう。父親は女性と交際していて別居中。自分は父と母は別れた方がいいと思っている。母親もそう考えているらしい。しかし、妹は二人が一緒にいることを望んでいる。

その妹は拒食症で現在不登校。

一通り話を聴いた後で、「どうなりたいと思っているの？」と聞きました。

来談者は今の苦しい状況を抜け出したいと思って来るわけだから、「どうなりたいと思っているの？」と敢えて聞く必要はないと思われがちですが、これは、あらためて自分の問題を自覚し、どうなりたいのか自分の意志をはっきりさせ、自分がなぜカウンセリングを受けるのかを再確認するためにも大切な問いです。

A子さんは、精神的な不安のために勉強が手につかないばかりかこのままでは自分がダメになってしまいそうで怖い、だから、心が楽になるようになりたい、と言いました。

そこで、自分の心の奥に潜むもの、辛さの正体を探すための面接を毎週一回くり返すか、定期的にではなく苦しい時に相談に来るという方法か、どちらかを選んでほしいと伝えると、毎週一回の面接をお願いしますとの返事でした。

そこで、まず自律訓練の方法を教えて、安定を得るために毎夜試みることを勧めました。そのうえで、毎週一回の面接を行うことにしました。さらに、次回の面接までの一週間の間に見た夢で覚えているものがあったら書いておいてほしい、もうひとつは「お父さんとの思い出」という内容で思いつくことをみな書き出して持ってきてほしいと、この二点を指示して一回目の面接を終えました。

（注・・自律訓練―「ゆっくり呼吸している」「右腕が重たい」「左腕が重たい」「右足が重たい」「左足が重たい」「お腹の辺りが温かい」「気持ちがとても落ちついている」などの言葉を心の中で繰り返し、自己暗示を掛けて精神の安定をはかる心身弛緩法。）

お父さんへの嫌悪

第2回面接（一週間後・9月）

A子さんは、前回言われたとおり「お父さんの思い出」と題して、ノート数ページに「思い出したもの」を書いて持ってきました。

（注・・これは自由連想と言って、精神分析による治療法の一つで、来談者に約一時間ほど思いつくものをそのまま話してもらい、それを筆記し、後から読み返すと、その中に当人の無意識が顔を出しているところがあるので、その点を中心にして面接を進めていく方法です。）

頭に浮かぶことを思いつくまま書いてもらいましたが、そのうちの特徴的な点をいくつか、書かれた順に従って箇条書きにして抜き出してみます。

○妹のことで言い争いになってたくさんひどいことを言われた。「大学行くな」とか「もう父親だと思うな」とか。体中の力が抜けて、すごくつらかったけど、負けるもんかと思った。（高3

の春）
○お母さんとお父さんがケンカしてるのを見ていた。お父さんがお母さんにいっぱい物を投げつけていた。（小学校の頃）
○私とお父さんが言い争いをしたあと、私が部屋でふてくされていたら、いきなり部屋に入ってきて、低い怖い声で「おれは悪くない、かんちがいするな」と言ってきた。私は怖くなって「もう出てって！」と泣きながら叫んでいた。（高3）
○子供会の行事の時、お父さんが町内の人をどなりつけて恥ずかしかった。（小学校の頃）
○すごく小さい頃、私はお父さんに、大きくなったらお父さんと結婚すると言っていた。お父さんもお母さんも笑っていた。（一番古い記憶）
○高校受験の数日前。お父さんとお母さんがいきなりケンカを始めた。たまらなくなった。こんな日が続いて、受験に失敗したら、こいつらのせいだと思っていた。
○家族そろって出かけるときは、いつもお父さんがイライラしはじめて雰囲気が悪くなるから、あまり行きたくなかった。お腹がキリキリ痛かった。（小学生の頃）
○私がカゼなどで寝込んでいても、あまり心配してくれなかった。

「お父さんの思い出」は書かれた連想を読ましてもらうことにとどめました。内容的には、お父さんに対する好意的な感情はなくて、嫌な姿ばかりが書いてありました。しかし「大きくなったらお父さんと結婚すると言っていた」という思い出も書かれていたので、嫌悪反発という今の思いとは別に、心の奥にそれとは異なる思いが含まれているように思いました。
書かれた連想を相づちを打ちながら読んだあと、この一週間に見た夢で覚えているものを話してもらいました。
夢①「家族で焼き肉を食べることになっていたけど、私が行ったときにはもうみんな食べ終わっていて、私はよく知らない人（たぶん女友達）と二人で残ったものを食べていた。」
夢②「お父さん、お母さん、妹と私の四人で車に乗っていた。そうしたらいきなりお父さんが怒りだして、私の首をしめようとした。」

夢を聴いてから、面接に入りました。
私「お父さんに首をしめられるって、夢から覚めてどんな気持ちがしたの？」
A子「怖い。何するの！っていう感じ」
私「そう……。首をしめられるっていうことから、どんなことが連想される？」
A子「……あっ、そういえば、お母さんが、お父さんから首をしめられたことを思い出した。小学校の頃、父と母はよくケンカしていたんです。当時はそれが普通だと思っていた。でも高校に入って友人の話を聞いたら、これは違うなと思ったんです。」

私「連想にも、お父さんへの反抗がしっかり表れているね。でも、小さい頃お父さんと結婚したいと思ったことがあるというところにもう一つ別の自分が潜んでいるような気がするね。お父さんに愛されたい思いやお母さんと仲良くやってほしい思いがあって、そうでない現実のお父さんへの反発があるんだろうね。」

A子「わたし、この連想を書いた後は気持ち悪くなって疲れてしまったんです。」

私「気持ち悪くなった？　どうしてだろうね？」

A子「お父さんへのありのままの思いを書き出したら、お父さんへの不満や怒りや憎しみがわあっと沸き上がってきた。」

私「それだけなら、腹立たしい思いはしても、気持ち悪くなって疲れるまでにはならないんじゃないかなあ……」

A子「っていうと……、ほかにも、私の心の中に、別の感情が起こったたって？」

私「うん……、腹立たしい怒りと、一方で、別の感情が……」

A子「……わかりません……」

私「腹立たしい怒りと、一方で、そういうふうにお父さんのことを悪く思う自分を罰するっていうか、そこまで悪く言っちゃかわいそうというか、いけないんじゃないかっていう思い……」

A子「……」

私「だから、私はお父さんに、大きくなったらお父さんと結婚すると言っていたっていう連想が出てきたんじゃないのかなあ」

A子「そうすると、両方の思いがあるから、書いた後で気持ち悪くなって疲れてしまったっていうことですか？」

私「うん、そんな気がするけど、当たっているのかどうかはわからない……。でも、まあ、今回はそこまでにしておこうよ。やがて、A子さんの心の中にだんだんはっきりと形を取って現れてくるだろうから。」

嫌悪の奥に潜むもの

このようにして面接を本格的にスタートさせました。

面接は原則として毎週一回、一時間と決めました。

A子さんは、「連想を書いた後は気持ち悪くなったけど、面接の後は、気持ちが少し楽になった」と言います。さらに「自律訓練は最初は気持ち悪かったけれど、何とか三回までできるようになった。手に重さと温かさを感じるときもある。三回続けてできると楽になる」と言います。

そこで、自律訓練を続けることと、「次回は、お母さんの思い出ということで連想をやってみよう」という指示を出して面接を終わりました。

前回に比べると少し落ち着いてきたようで、ちょっと安心。お父さんへの思いは、好意的に捉える（捉えたい）目がおそらく心の奥に潜んでいる一方、現実の姿に失望し、いっそう嫌悪反発しているのではないかと思いました。そうした心の葛藤をありのままに意識化できると心は安定の方向に向かって動いていくのではないかと思います。

人は、自分は「こうありたい」という理想や、人には「こうあってほしい」という願望を持って毎日を送っています。しかし、現実の自分が理想とはかけ離れていることを自覚したとき、「こうありたい」という思いが、「こうあらねばならない」に変わってしまうことがあります。大部分の人は「こうあらねばならない」に変わる一歩手前で留まって、「まあいいか、今の自分で仕方ない」と思って現実の自分を認めることができるのですが、留まることができずに「こうあらねばならない」自分にとらわれてしまい、そうでない現実の自分を責める人がいます。自分の心の中で、自分を責めるわけですから、心は激しく苦しみます。

したがって、苦しみから抜け出すには、「こうあらねばならない」という思いを一度棄てて、現実の自分をありのままに認めることが必要です。自分のダメなところをありのままに認め、良いところもありのままに認める、そういう両面を持つのが人間なのだと理解することが必要です。

だから、親に対しても、嫌なところと素敵なところと両面を持つ一個の人間として、ありのままに受けとめることが、理解への出発点になります。しかし、理屈でわかっても、心の奥の方では納得できません。自由連想や夢を対象にして面接を行うのは、そこにその人間の心の奥のもがきが、本人自身でさえ気づいていない無意識のもがきが、表れてくると考えるからです。

A子さんは、お父さんに対する嫌悪や反発が最も強く、ついで、そのお父さんと別れたお母さんに対する同情や嫌悪など、様々な思いが複雑に絡み合って揺れているところから、心の不安が生じてきているのではないかと思いました。そこで、まず、お父さんに対する思いから、連想を始めてもらったのです。お父さんから、お母さんへと連想を進めていき、A子さんの心の奥にあるお父さんやお母さんへの思いを表に出してもらうことで、A子さん自身の心の奥のもがきの正体に迫りたいと考えたのでした。

A子さんは、自分をしっかりと考え捉えることのできる人のようで、連想も最初からすでに、ありのままの自分の思いを表現しています。だから、じっくりと自分自身に向き合うことで、不安から抜け出すことができるのではないかと思いました。

お母さんの思い出と涙

第3回面接（一週間後・9月）

約束した時間にA子さんは、ノートに書いた「連想」を持って相談室に入ってきました。

連想「お母さんの思い出」から、特徴的な点を書かれた順に従って書き出してみます。

○よく「お父さんとお母さんが離婚したらどっちについていく？」と聞かれた。私は「どちらにもついていかない、離婚しないで」と言っていた。（小学校低学年）

○服装がハデだと怒られた。この頃が一番の反抗期だった。腹が立った。（中3）

○「家を出て行くよ」と言ってカバンに荷物をつめていた。（幼稚園）

これは、一番古い思い出。自分の目線に母のカバンがあったのを、はっきり覚えている。

○親戚の人たちでバーベキューをやった。でもお母さんは疲れているみたいであまり笑っていなかった。（高3）

○おじいちゃんの家に行ったとき、台所で泣いていたのを見た。（小学校高学年）

○お母さんと大ゲンカしてお母さんのタンスをなぐってこわしてしまい怒られた。（中3）

○幼稚園の運動会で一緒に走った。

○私がつらくなって震えているとき「ごめんね」といって泣きながら私の背中をさすっていた。（高3）

○お母さんと妹と三人で、おじいちゃんの家へ離婚のことなどで相談に行っているとき、おじいちゃんがお母さんにどなったのを聞いて、「お母さんをいじめるな！」と泣きながら叫んだ。（高

3）

○お母さんがひどい熱を出して寝込んでいるとき、ポカリスエットなど買いにいってあげた。

（中2）

「連想」を一通り読ませてもらってから話を聴きました。

私「この間、どうだった？」

A子「この一週間、お父さんのことなどあまり考えなくなった。精神的に楽になっているような気がします。でも、お母さんの思い出は、あまり思い出せないんです」

私「そう……。幼稚園の頃の、カバンに荷をつめていたお母さんの様子を不安げに見る幼いA子さんの姿を考えると、つらかったんだろうなって思う……。本当によくがんばってきたね……。一番お母さんにそばにいてほしいと願う時期に、家を出て行くよという姿を目の当たりにすることほどつらいことはないと思う。そんなときに、懸命にがまんして、よくがんばってきたね。そんな自分をうーんとうーんと最大限にほめてやらなくてはね。たとえば、今、目の前に幼稚園の小さな女の子がいて、お母さんって甘えたいのに、お母さんが家を出て行くよなんて言うと、不安でどうしようもなくなるでしょう。それをその女の子はじっとがまんしている……。考えただけでもいじらしくなるでしょう。だから、よくがんばったね、わたしって、自分をほめてやらなくてはかわいそうだよ……」

「連想」に書かれた小さな頃のA子さんの姿を思うと、いじらしくてたまらなくなってしまいました。思わず、私の思いをそのまま伝えたのでしたが、A子さんは、話を聴いていて突然泣き出してしまいました。A子さんの涙を見て、私も、涙、涙、涙。

しばらくたってから、A子さんは「お母さんが今、妹の拒食症を心配していて……」と言いはじめました。拒食症で、学校へも行っていない妹のことを、お母さんが心配している、そのお母さんを見ると、自分もたまらなくなると言うのです。

そこで、「妹さんは、学校へも行っていないというから、今できることは、妹さんを見守ってやることだと思う。今は、妹さんのありのままの姿を、まるごと、そのまま、認めてやることが必要だと思うよ。人はみんな、良いときだけでなく、ダメなときだってあるんだから、そういう両方を、ありのままの姿として認めること。ダメなときがあってもいいんだよって、受けとめてやること。そのことが、今、必要だと思うよ」

そう言って、妹への対応の仕方を話してから、「次回はなんでもいいから題なしで頭に浮かんだことを書いてきてください」と指示して面接を終えました。

この三回の面接で、A子さんが訴えてきた心の不安は、父親を拒否する思いとそれへの罪悪感、母親へのいたわりと、反発及び罪悪感、そしてそのような感情を抱く自分を否定的にとらえようとする思いなどが交錯して起こっているのではないかと思いました。これら相反する思いが心の中でぐちゃぐちゃになっているのでしょう。そのうえ、家の中には、一人で耐えてがんばっている母親や拒食不登校で苦しんでいる妹がいる。だから、無理にでも自分を強く保って背伸びしていないといけない。そんな風に考えて苦しんでいたのでしょう。だから、「よくがんばってきたねと自分をほめなければね」と言ったときに泣いてしまったのでしょう。泣いてしまったというところに、自分のありのままを自分自身で受けとめようとする自己肯定感の兆しが伺えるのではないかと思いました。

自由連想…心のつぶやき

第4回面接（一週間後・10月）

自由連想「なんでもいいから題なしで頭に浮かんだこと」という書き出しでノートに書かれたものを持ってA子さんは相談室を訪れました。ポイントのみ書き出します。

○「Bさん（クラスの女子）こわーい。妹の声がきこえる。おとーさん何してんだろ？　あーなんか緊張する、おなかあつい、いたい。おなかいたーい。いたい、いたい。うーあたまいたい、気持ち悪い…うぇー。」

○「自分をほめる、ほめる、ほめる、ねむい。うれしかったなー。一人暮らししたいなー。開放？　解放？　どっちだ？」

○「なんかこの前のカウンセリングうれしかったなー。ほっとした。あは。自分をほめるう？私エライ。実感がないなー。あの時はきっと私も一緒についてったんだろうなー。」

（☆幼稚園の時のお母さんがカバンを持って出ていくエピソード）

○「おとーさん　おかーさん　妹　あたし。あたし。一人。あたし。ともだち。つかれた。さみしい。ともだち会いたい。つらい。つらい。泣きそう。会いたい。みんな遠くへ行っちゃう。一人。こわい。明るい。いい子にしてたー。つかれた。泣きそう。一人。一人。うードキドキしてきた。あー　ヤダー。受験。つかれた。Bさんこわーい。つらい。さみしい。何でだ？　おとーさん。つらい。おかーさん。つらい。だめだー。たすけてー。意味不明ー。かなしー。わけわからーん。妹。一人ぼっち。おいてかないで。だれだよ？　もうつかれた。たすけて。あと三分。なみだが出ちゃう。ばかちーん。こわい。いたい。さよーなら。はー。つらい。たすけて。はぁ。くるしー。おかーちゃん。」

今回の連想は題なしで自由に書いてもらったためか、心の中に浮かんだものがそのまま言葉になって表現されていました。

（本来の自由連想の形はこのように題なしで思いつくことを自由に書いてもらうか、相談場面で目の前で頭に浮かぶものを話してもらいます）

私「この、〝おとーさん〟以降、連想が大きく変化しているね。あらためて読み返してみると、こういう自分を、愛しいと思うでしょう……。こんな風に、つらく、たすけてといっている自分を愛してやらなくては……」

A子「……」

私「こういう自分をお母さんにぶつけることって、できない？」

A子「……無理……」

私「どうして？」

A子「お母さんが悲しむから……」

私「お母さんが、いいよって言ってくれたら？」

A子「……でも……やっぱり……言えない……」

「やっぱり、言えない、というところに何かが潜んでいそうだね」。そう言おうとして、やめました。ここをじっくり考えていくことによって、彼女の心の葛藤の正体が見えてくるのではないかと思ったのですが、今一気にそこまで話を持っていくとかえって混乱してしまうのではないかと思ったからです。

「自分をほめてやらなくては」と言った前回の面接によって、「なんかこの前のカウンセリングうれしかったなー。ほっとした。あは。自分をほめるう？　私エライ。実感がないなー。」という連想を得ています。自分を責めてしまう今までの発想から、自己容認、自己肯定への一歩を踏み出すことができたのではないかと思いました。自己容認に向かって動き出せば、ありのままの自分を直視して肯定できる方向へ動いていくことができるので、彼女の考え方も変わっていくだろうと思うのです。しかし、今は、私も自分の予想や願いを排除して、A子さんのありのままの姿と変化をありのままに受けとめることが最も大事なことなのだと思います。そのように面接記録の終わりに感想を記しました。

相談に来た人の、表に現れた姿と心の奥の変化の両者を併せて理解し受けとめるためには、カウンセラーが、予測を持ちながらも、予見を棄てて面接場面に臨むという、一見矛盾する対応の仕方が必要だと思います。

A子さんは、連想を書いた次の日、学校を休んで家で寝ていたということを、面接を終えるときに言いました。自分の心の中にわき起こった感情をコントロールすることができずにいたのでしょう。「次回も自由連想で思いつくまま書いてください」と指示して面接を終わりました。

夢に表れはじめた心の葛藤

第5回面接（一週間後・10月）

この一週間のうち二日学校を休んだと言います。夢を二つ報告してくれました。

夢①「はじめは一人で街をぶらぶら買い物。いつのまにかおばあちゃんの家らしきところへ。出かけることになって車に乗ったらお父さんのとなりだった。えっ、うそ……と思った。我慢しようと思ってたら、お父さんがお母さんの悪口を言い、やっぱりムリだ、ムカツク！と思って目が覚めた。」

夢②「よくわからない敵と戦いながら逃げまくる夢。土台が黒くて四角の赤い囲いで、中にランプがつく機械がある。それを見ながら、『二回までは死んでも大丈夫。三回死んだらおしまい。』と何度も自分に言いきかせていた。この機械を持って四、五階くらいの団地の上や下や道路の上などを私一人が逃げる。逃げる場面の前に休憩室があり、妹がお菓子を食べていた。そこに入って行って話をして出て行った。そしたらもう逃げた二人の相手（完全防備の黒い服を着ている男と女）が攻撃してきた。女の人は追いかけずに高いところで仕切っている。攻撃してきたのは男の人。二人とも大人。攻撃はされるが私はつかまってはいない。」

私　「②の夢の男女が父親と母親だとしたら？」

Ａ子「二回まで云々は父の浮気のことかな」

私　「すると、追いかけてくるのは、許してほしいと言ってきているのかな……」

Ａ子「……」

私　「はじめの夢は車に乗ったらお父さんの隣だったというところと、やっぱりムリだ、ムカツクというところ、ここに大きな葛藤がみられるね……。お父さんを拒否する思いと求める思いと。やっぱりムリだというところに、求める思いを捨てきれずにいるもがきが表れているね……。このような夢を見るということは、無意識が激しく葛藤を起こしているということだろうから、かなりつらかったのではないのかなあ。だから、学校を二日休んだというのもムリないことだと思う……」

夢にはその人の無意識からのメッセージが表現されている。意識は神経を注いでいる部分しか認識できないが、無意識は目や耳に入り体で感じる全てのことを認識している。だから、意識で思い考え望んでいることとは異なるものを、無意識は総合的にとらえて、その人の進むべき方向を示唆している。その無意識を知る手だてが夢だという。これは、フロイトが精神分析学の樹立とともに世に発表した考えで、以降、ユングなどの精神科医が数多くの症例をもとに世に顕したものです。A子さんにもこのような内容の話をして、なぜ夢を分析の対象にするのかを説明しました。ただ、夢の分析に慣れてこない段階では、あまり厳密に夢の解釈はしない方がいいだろうと思い、「夢をもとにした話」という程度に留めました。

最後に「無意識の中での葛藤がはっきりと夢の中に出てきたということは、無意識が葛藤を認めたということでもあるんだよ。いままでお父さんを求める思いなど絶対にないと考えていたのに、そういう思いが自分の中に潜んでいるということを自分の無意識が認めたということなんだね。ありのままの自分をまずありのままに認めること、つらい仕事かもしれないが、それが新しい、心の安定した自分を作っていく第一歩なんだよ。焦らずじっくりと自分の中の無意識の声に耳を傾けてみよう。次回も、自由に思いつくことを50分書きなぐってみてください。それと夢を覚えていたら書いてきてください」と言って、面接を終わりました。

葛藤が夢を通して表に出てきたということは、彼女の超自我が少しゆるんできたということと、自分をしっかりとらえようとしてきたことを意味している。変化の兆しが見えはじめたととらえてもいいだろう。しかし、焦らず慌てずゆっくりじっくり。ありのままの自己をありのままに捉えていくための第一歩と考えて。

このように面接記録には書きつけておきました。

（注：超自我－精神分析の考えでは、良心的働きをする心の機能を超自我と呼んでいる。心の倫理的なブレーキと考えてもいい。ただし、良心的な側面だけでなく、乳幼児期などに親から与えられた「こうあらねばならない」と考える自我状態なども含む。）

分析への抵抗がゆるむ

第6回面接（一週間後・10月）

一週間後、自由連想と夢とを持って、A子さんは面接に来ました。連想よりも夢に特徴があったので、夢の方を面接の対象にして話し合いました。

夢「（1）お母さんと妹とこわい映画を見に行った。順番待ちで並んでいるときにうしろのドアがあいてしまって、ラストシーンが見えてしまった。（2）外人らしい女の人が小さな男の子を抱っこしている。キャーという悲鳴とともにだんだん男の子の顔がさけていく。（3）この二人がかごの中にかくれている。かごが映る。（4）かごの中にかくれていた二人が出てきてまた、キャーと悲鳴をあげている。（5）中に入って椅子に座ってしばらくしたら終わった。」

私　「この夢を見終わった後の印象は？」
A子「何の夢かさっぱりわからないって感じ。ただ、（2）の顔がさけていくのは自分が分析されていくことを意味しているように感じました」
私　「顔がさけていくのが分析されていくような感じなら、『キャー』は？」
A子「『キャー』は袋が破れるような感じ。でもこれのどこがこわいのかな？　といった感じで見ていた。」
私　「すると、自分が分析されることはそんなにこわいことではないということかな。（3）の『かごの中にかくれている』のは、見られたくない、出したくない自分を表しているということなのかな？」
A子「よくわからないけど、かごが気になったような気がする……」
私　「そうすると、『かごの中にかくれていた二人』っていうのは？」
A子「（4）のかごの中から出てきたのは『かくれていた二人』ではなく別人のような気がする。だけど、本当にこわいのはこっちだと思った。顔はさけていないし、崩れていない」
私　「すると、『かくれているところから出てきた』のは今の自分なのかな……。こっちの方がかえってこわいというのは何が出てくるのかということへの不安を表しているのかな……。しかし、そちらが今の自分なのかな？」
A子「(5）のときはこわくなかった」
私「ユング心理学では、顔は面（ペルソナ）。人格を覆うもの。外見。だから外から見た私が破れていくということで、それを『こわくない』と思っているというのは、前回から続くもので、分析をやってみることへの抵抗がゆるんできたということを意味しているのかもしれないね」
A子「そこの理屈はよくわからないけど、夢に意味があるっていうことはよくわかってきました。だから、次の面接が楽しみに思えるようになりました。大学へ行って心理を勉強してみたいって気持ちが出てきました」

A子さんの分析の抵抗がゆるんできているように感じました。分析への不安と、自分をしっかりとらえて不安定からの脱皮をはかりたいという要求との間で葛藤しつつも、脱皮への道を選びたいと考えている様子がわかります。

夢分析…心が止まってしまう不安

第7回面接（一週間後・10月）
夢を三つと自由連想で書いたものとを持って、一週間後、A子さんは相談室を訪れました。

夢①「家族四人でテーブルをかこんですわっていたら、お父さんとお母さんがいきなりケンカをしはじめた。もうやめてよと思った。」

夢②（同日）「10人くらいの人と一緒に逃げていた。体がすごく重たくて走るのがとても大変だった。一人の大人の人が（逃げてる人の中の一人）『ここより先に逃げて。ここより先に行って』と叫んでいた。私は必死でそこより先に逃げた。でも逃げられなかった一人の子どもはよろいのようなモノを付けられてしまっていた。そして動けなくなっていた。」

夢③（同日）「私の夢の中では平井堅は死んでいる（二回目）。一回目に見たときはそのニュースを聞いて驚きながらも『ああ、この人は自分が死ぬってわかってたから、あんな歌（大きな古時計）を歌ったんだな』と思っていた。」

私「一つ目の夢は今の自分の思いがそのまま表れたものだろうね。」

A子「はい。あまりにも現実的すぎて、夢の中でもつらかった……」

私「二つ目は、一人の子どもというのは妹を表しているのかな……。ところで、『よろいのようなもの』ってなに？」

A子「その人を縛るもの」

私　「そうだとすると妹ということになりそうだね。この夢のポイントは、私は逃げられたというところ。ここより先に逃げてと叫んでいた大人の人は、おそらくぼく、もしくはぼくのような人、またはA子さんの心の奥の声かな。つまり、今のような状態から逃げ出そうとして、妹は別としてとりあえず私は逃げ出すことができたという夢だろう。よろいのようなものを付けられてしまったということで、そのよろいが、その人を縛るものだとすれば、今妹をしばろうとしているものからの脱出を意味しているわけで、私はそこから逃げられたということなんだろうね」

私　「三つ目はよくわからない」（彼女に大きな古時計と平井堅に関する連想をしてもらったが、まとまりのつく解釈はできなかった）

今回は、夢分析を終えてから、書かれた自由連想を読んでその話し合いを行いました。まず、自由連想のポイントを箇条書きに書き出してみます。

○バッグが目線。お父さんがお母さんの首しめた。お母さんは泣いていた。おなかが痛かった。ずっと忘れない。辛かった。前向きに。マイナス志向。それでも私は幸せだった。言いきかせてる。なんか暗いな。

○おさえないように。がまんしないように。ずっとがまんしてきた。お母さんは聞いてくれない。ごめんなさい。お父さん。目が恐い。うそっぽい目。つかれたー。いつのまにか目が痛かったのは治った。ヤッピー。それでも私は幸せだった。不幸だなんて絶対思っちゃいけない。悲劇のヒロインなんかに絶対なってはいけない。言いきかせる。もっと辛い人は大勢いる。私のなんてちっぽけだ。
○お父さん、お母さん、仲良くしてね。いたいのヤダね。お皿なげないでね。ごはんにおはし刺さないでね。あの時みそ汁こぼしてブラウスが汚れた。死んじゃだめだよってお母さんが言った。まだこれからやりたいことあるから、そんなことするわけないじゃんって私が言った。学校行った。辛かった。最強だった。友達にもずっと言えなかった。苦しかった。支えてくれた。ありがとう。
絶対死なない。涙が────。今、55分。かげ山先生。ありがとう。頑張る。でも辛い。お母さん、お父さん、あの声が恐かった。大きな音がこわかった。救急車が通ると、いつも妹じゃないかと思ってすごく心配だった。授業中にメールとか電話くると、また何かあったんじゃないかと思ってドキドキした。みんなわかってくれない。ムリ。辛くない。言いきかせる。はぁ。つらし。
○妹がイライラしてる。こわい。こわい。すごくこわい。たすけてほしい。ほんとはすごくこわかった。でもお父さんには近づいてほしくなかった。守りたかった。でも本当はこわかった。いつもこわかった。

○お母さん、実はおこりっぽい。言うとこわいから、おこるから言わない。つらかった。ご機嫌。みんなのきげんをいつもとってる。私は一体なんなんだ！　あたしも人間。ロボットじゃないよ。ちゃんと私を見てね……。
○つかれた。無意識。ふう。おさえないように、気持ちを。リラックス、リラックス。いつも強い子だわって　♪泣かないでえらいねって♪　こわい。この家。平和。落ち着きたい。普通。普通ってなんだ？　私には、これがフツーだった。出てく。お父さん。お父さんはいません。夢の中。いなくなればいいのに。最初からいなければよかったのに。もっと早くリコンしてればよかったのに。悪影響。普通がよかった。両親は口をきかないモノだと思ってた。違う。おかしい。永遠なんてない。ねーよ。バカ！　はあ、つかれた。おしまい。

私　「『お父さんはいません』って、なに？」
A子「夢の中で誰かに聞かれて、お父さんはいませんって夢の中で答えてたような気がする。先生、連想を書いて、なんだかわけがわからないような、そのくせ、なんだかすっきりするような、変な感じになったんですけど、どうしてでしょう？」
　A子さんの心の奥が連想によって大きく動き出したようです。そこで、解釈と私の思いを伝えました。

「がまん」から抜け出そうともがく心

「がまんする自分」に対して「だめだ。もっと自分を出して！」という声が無意識の中にある。「強い子」として生きてきた自分の中に「泣きたい自分」がいる。この「泣きたい私を、認めて！」と無意識の中で叫んでいる。これらの思いが無意識の中にあって、そのうえで「それでも私は幸せだった」とする声が意識に近いところにある。「私ががまんする」「私が機嫌をとる」ことによって「家族のバランスがとれている（形の上で）」のだが、「今私がやろうとしていることは、がまんをやめること」。「これ以上がまんを続けると、私の心が死んじゃう」。そうわかっているから私は苦しんできた。だから「みんなにわかってもらおうと、直接は言えないから遠回しに言ってきた」。これが、「歌」であって、歌を歌ってきた。このまま続けると、「私の心が止まっちゃうよ」という思いが「時計が止まっちゃうよ」になった。そう考えると、三番目の夢は「このまま私ががまんしつづけていくと、時計が止まってしまう、私の心が止まってしまう」という不安を平井堅の「大きな古時計」という歌にたとえて表した夢だということになる……。そのように解釈して私の考えを伝えました。

「今、本当につらいところへさしかかっているようだね。でも、泣きたい私を認めてとか、がまんをやめたいといった声が無意識の中にわき上がってきた。そういう声は今までは無意識の中に封じ込められていて上がってくることはなかった。ところが上がってくるようになった。だからありのままの自分をありのままに受け止めようともがくことが今一番必要なことだと思う。自分の中の認めたくない自分を自覚するのはつらいことだけれども、がんばってやっていこう」

「かつて不登校で苦しんでいた人が、自分は底なし沼にぷかぷか浮いている状況だと言ったことがあった。もしかしたら今のあなたもそういう状況かもしれないね。ぼくにできることは、ぼくの体を綱で縛ってその綱を沼の縁の木に縛り付けておいて、沼の中に飛び込んでA子さんを抱きとめて一緒にぷかぷか浮かぶことくらいだと思う。そして、一緒に浮かんで、沈まないように抱きとめながら、どうしたら浮き上がるかを考えることかな。沈まないように抱きとめているから、安心して、浮き上がる方法をさがしていこうね」

A子さんの無意識に潜んでいた部分が表に浮き上がってきたようだ。無意識レベルで葛藤が明確な形を取りはじめた。大事な時期にさしかかってきたと考えられるので、次回の面接でどのような事柄が出てくるのか慎重に対応しなければ。大事な時期だ。

このように面接記録に今回のまとめを書きました。

心の欲求を整理できないもがき

第8回面接（一週間後・11月）

一週間後、A子さんは、夢を二つと自由連想とを持って相談室を訪れました。

夢①「自分でお弁当をつめようとしている夢。でも、なかなかきっちりつめることができなくて何度もやり直した。結局、きれいにつめられないままふたをしめた。」

夢②（同日）「何かよくわからないけど、二者択一をせまられていた。」

短い夢二つでしたが、わかりやすい夢でしたので、こちらから解釈を伝えました。「お弁当」は自分の要求や欲求のこと。これを「つめようとしている」が「きっちりつめることができなくて何度もやり直した」ということだから、自分の欲求をきちんと整理しようとしてうまくいかずに心の「ふた」をしめたということ。その整理の内容が「二者択一」をせまられることなのだろう。今そういう時期にさしかかっていることを表している夢だと思う。

このように伝えましたが、「まったくその通りだと思います。今の私の思いそのものです」というので、夢の話を終えて自由連想の方へ移りました。

自由連想（ポイントのみ箇条書きにします）

○今日は夢見るのかな。スリリング。モンスターズインク。妹ちゃんが見てました。お母さん。お父さん。サングラス。よろい。守るもの。しばりつけるもの。お父さん。Oちゃん。すき。おとーさんじゃなくてOちゃん。お父さん。イタイ、おなかが。きっと思い出さない思い出もいっぱいあるだろーな。こわいね。♪紙とエンピツ。破片。泣きたいだけ泣いてもいい？　浜崎あゆみのうた。みんなのうたの右側のページに「大きな古時計」のってた。おおーきなのっぽの古時計♪　こわれた時計。あたし。死んだ。殺した。あたしが殺してるもの。感情？　今日は友達とうまく話せなくてつらかった。一人ぼっち。おいてきぼり。孤独。

○お母さん。泣いてる顔。首しめないで。ごはん投げないで。みんな仲良く。もうムリだぁ。一人になりたい。たまに、自分がこのまま死んでなくなってしまうんじゃないかと思う。あたし。おとーさん。お母さん。幸せだった？　いつもケンカ。それが普通。あたしが殺したモノ？　意味がわからないよお。はあ。感情がない？　ちゃんとあるよ。自問自答。永遠なんてございません。

○右手をつないで～♪　歌です。おとーさん。お父さんと手つないだことあったっけかな？　覚えてないや。何も覚えてない楽しい思い出。どっかいっちゃった。

○辛いコト。忘れた。全部、忘れたい。忘れられたら、何もなかったよーに普通に生活できたかな？　それもまた、辛いコトなのかな？　わかんないね。はあ。自由って何だ？　イキナリ浮かびました。はあ。あくび。おとーさん。元気ですか？　でも近よらないでほしい。今は。これからも？　全部忘れたら、楽なのに。いっぱい残ってる。辛い思い出。苦しめないで。お母さんをいじめないで。どならないで。こわいから。大きな声、こわいから。
○あー。浮気。おとーさん。女グセ。悪い？　変な女にだまされやすいってお母さんが言ってた。かわいそうな人。

夢③（連想から3日後）「お母さんと大ゲンカする夢。私はお母さんに当たらないようにおちゃわんを投げた。」

「私をしばりつけるもの」の意識化

今回の連想のポイントは「私をしばりつけるもの」として、「家の状態やお父さんのこと」を言葉でとらえたこと。その直前に「サングラス。よろい」が出てくるので、これは何かと聞くと、自分を守るものだという。お父さんは、サングラスで自分を守っている。しかし、それが「私をしばりつけるもの」でもある。そしてそのことをA子さんの無意識が捉えたということ。さらに「イキナリ、自由って何だ？」と浮かんでいることから、「私をしばりつけるもの」からの解放を無意識が求めはじめている。つまり、混沌状態だった無意識の欲求が分化して形を表しはじめた。それが「お弁当箱」の夢になったのだろう。しかし、これをまだ統合するまでには至っていない。統合へのヒントは「自由」なのかもしれない。

こんな風に話した後、「お母さんとのケンカの夢を考えると、自分の感情をストレートにぶつけたい思いが表に出ている。しかし、ちゃわんは『当たらないように投げた』ということから、無意識の中でもしっかりブレーキがかかっている。こういう状態からの解放が『自由』をテーマにわき上がってくることを期待したいね」と言って面接を終わりました。

前回の葛藤がかなりはっきり意識化されてきました。妹や家やお父さんを「私をしばりつけるもの」として捉えたことに大きな意味があります。

学校は普通に登校できています。家庭や学校で、不安や孤独感と戦いながら、安定を手に入れつつあるようです。心の奥では、今まで隠れていた欲求や葛藤が意識に上って来はじめて、変化への大事なときが続いていると考えられます。

夢と連想…葛藤する心

第９回面接（一週間後・11月）

夢①「友達の家にいてその友達のお母さんと話をしていた。おばさんはもうすぐ60歳の誕生日とか、もうすぐ結婚記念日とか言っていた。私はカレンダーを見ながら、ああお父さんと別居してるって言わなきゃなって思ってたけど結局言えなかった。」

夢②（同日）「友達の家（①の家とは別）に妹と遊びにいった。そして、三、四匹の犬と遊んでいたら、妹が犬に足をかまれた！　と思ったら犬がいつのまにかロボットの犬に変わっていた。そして犬（ロボット）が妹をかんだのは、一人の男の子がロボットがそうするように仕向けたからだということになった。」

A子「妹がかまれたけど、痛そうでもない。本物の犬でなくてよかったと思った。」

自由連想（夢の翌日）（ポイントのみ箇条書きにします）

○今日、買い物に行って帰ってきたら、お父さんのバイクが家にあったから、お父さんが家の中にいるのかと思ってすごくパニクッた。お母さんも一緒に。妹は平気。でも、違ったみたいです。安心したー。狂ってしまうかと思ったなり。

○お父さん。今、知らない女の人の顔が浮かんだ！　こわい！誰だよ？　浮気相手？　なんちゃってー。かげ山センセー。お母さん。お父さんがいなくなってから、お母さんは明るい。子供っぽいけど。すぐスネるけど。おこるけど。家の中もキレイになってうれしーです。

○今、お母さんが入ってきたので、一時中断しました。「しっけえ。」byお母さん。今、〝お母さん〟って書こうと思ったのに、間違えて〝お父さん〟って書いちゃった。しっけえ。
○最近よく人の話の途中で聞こえなくなっちゃうんだよね。どういうことだ？　いろいろ考えごとしてるのかも。家で妹と話していて。

お父さんのバイクを見ただけでパニック。知らない女の人の顔が浮かんでこわい。お母さんと書くところをお父さんと書いてしまった。これらから、心の揺れがはっきりと言葉を伴って出てきたことがわかる。また、夢で妹が犬にかまれたというところから、A子さんの、妹に対する攻撃欲求がはっきりと読み取れる。しかも、かんだのはロボットの犬で痛そうでもないというところに、攻撃欲求を持ちながらも、そうしてはいけないブレーキがかかっていることがわかる。

今回大事なことは、たとえば妹に対する自分の思いでも、攻撃欲求が一方でありながら同時にそれに対するブレーキもかかっているという、両面があるということ。つまり自分の中にそうしたいろんな部分があって、それらがどれもまぎれもなく自分自身なのだということを認識すること。そこから次の自分作りへの第一歩が始まっていくんだと思う。

このようなことを伝えました。

A子さんは、心の中の自分の様々な姿をありのままに認めようとしはじめています。自分が否定したい自分と褒めたい自分と、様々な自分が自分の中にいてそれでいい、まずありのままの自分の姿をありのままに認めて受け入れることが大事だということを、無意識の中でもしっかりと認めることができると、次のステップへの道が開かれていくのだと思います。その扉を今自分の手で開けようとしていると言ってもいいでしょう。

お父さんへの思いの変化とお母さんへの遠慮

第10回面接（二週間後・11月）

一週間後が学校行事の関係で面接できなかったため、二週間後の面接となりました。A子さんは、二週間の間に見た夢と、自由連想で書いたものとを持って相談室に来ました。

夢①「塾みたいなところに行ったら友達（あまり親しくない）と友達のお母さんに会って話しかけられた。そしてそのおばさんが、お父さんと何かあると、お母さんたちと一緒におばあちゃんの家に行って相談してるんでしょ？　大変だねえ。私はこの近所に住んでるんだけど、あなたをスーパーで見かけたんだよと言っていた。（つまり、言いたいことは、私が学校が休みでないときにスーパーにいるのを見かけて、何か変だなと思って、娘に聞いて、お父さんとのことを知ったということを言いたかったらしい）」

私との面接をした日の夜の夢ということなので、「A子さんが自分の心の奥を見破られたくない思いが表れている夢だと考えてもよさそうだね」と伝えました。

夢②（翌日）「知らない人四人が私のお母さんにクッションカバーを作るという話をしていた。柄が決まったみたいだったけど、一人の男の人は、そんなのお母さんが気に入るわけがないじゃん！と反対していた。私はその様子をテレビを通して見ていた。」

私「これはどう考えたらいいんだろう……。A子さんにとって、クッションカバーという言葉から連想されるものはなに？」

A子「お母さんがもらって喜ぶものかな」

私「そうすると、お母さんへの気遣いと、そうすることへの抵抗があって、心の奥で葛藤している。それを第三者的に、つまり分析的に見ている自分がいるということかな。今のあなたの心の中のありのままの姿の表れたものだと言えそうだね」

A子「そう言われてみると、自分の今の気持ちにぴったりっていう気がする……」

夢③（三日後）「気がついたら家の中でお父さんと二人で話をしていた（というか、一方的にお父さんが私に話しかけていた）。それに気が付いたときは、どうしよう、こわい！と思うのと同時に、なんだ、ちゃんとお父さんの話が聞けるんだなぁと思っていた。でも話の途中で台所にいたお母さんが、この子に変なことを教えこまないでよ！みたいなことをおこりながらお父さんに言った。そうしたらお父さんもイライラしはじめた。あーあ、何でそんな怒らせること言っちゃうの？と思って、お父さんに対して、こわーいという気持ちがまた出てきてしまった。」

A子「目覚めた時は複雑な気持ちだった」

私「そう！　父親に対する恐怖や反発の裏にある近寄りたい思いをA子さんの無意識が認めたという夢だと思うよ。しかし目覚めは複雑というのだから、お父さんを受け入れることはお母さんに悪いなと思う気持ちが潜んでいて、自分の中でも折り合いが付かない状態を表していると思う。でも、『なんだ、ちゃんとお父さんの話が聞けるんだなぁ』は、とってもとっても意味がある言葉だね。今まで恐怖ばかりで認めることができなかった父親を受け入れることができそうだという夢だから。そういう思いが自分の無意識の中にあるということをまず意識レベルでしっかりと認めることが大事だよね。それと、お父さんを受け入れてもいいという思いとは別に、私がこんなにお父さんに反発しているのはお母さんのせいかもしれないという思いが心の奥に潜んでいるのかもしれないね」

自由連想（同日）（ポイントのみ箇条書きにします）

○（くしゃみした）あ、そうそう、思い出しちゃったんだよね……。カゼんときのコト。風邪ひいたのは私じゃなくて、お父さんだったんだよね……。最後の勇気をふりしぼってお父さんのとこ、ポカリとか持ってってあげたのに、普通に拒否されてすんごく傷付いた。自分の中では、こわいながらも、「いい想像」してたんだもんね……。笑顔で「ありがとう」って言ってもらえると思ってたのにね。めちゃんこつめたくされて、すんごい傷ついた。そのあとお母さんが「Aちゃんに行かせちゃって、ごめんっけね……」ってあやまってた。でも、もうおそかったね。あれでますますお父さんのコト、イヤになっちゃったんだよね。あの時は大泣きだったよ。はあ。お父ーさん。やっぱこわいのかもね。

○お父さんかあ。もう会いたくないなあ。めんどくさくなってきちゃうよ。いろいろ考えるの。人間だから仕方ないけど。考えることができるから、ステキなんだよね。

○思い出したくない。お母さんに言われて思い出したけど、そういえばあたしお父さんにパン投げつけられたっけな。思い出すと心がイタイ。お父さんがおこった勢いで動いたテーブルがおなかにあたったときも、いたかった。ってか、辛かった。悲しかった。悲しいね。おこってばっかで。何がそんなに不満だったのかね。あたしは絶対ああいう大人にはなりたくないな。うん。幸せになりたいね。ふう。えっと、えっと。未来は明るい。勝手にそう信じる。

お父さんに対する思いが、今まではひたすら反発・反抗・怒りだったのが、この連想では、客観視しようとしている。大きな変化と言ってもいいと思う。そのように説明しました。

夢の中でお父さんに文句を言える自分

夢④（翌日）「塾でお母さんと待ち合わせていたらしく、塾へ行ったら、なぜかお父さん（家族全員）もいた。おどろいて、街中逃げまわっていたが、お父さんに追いかけられつかまってしまった。しぶしぶお父さんと話をした。でも進路の話をしているときに、なぜか笑われて、それに腹が立って、お父さんに文句を言いまくっていた。」

私　「お父さんへの思いが大きく変化しているね。まず、お父さんを含めて全員で待っていてくれたこと。これは、お父さんへの怒りや憎しみやいないでほしいという思いとはまったく別な、お父さんにもいてほしいという思いの表れだよね。驚いて街中逃げまわるのは、お父さんを受け入れてしまうことへの抵抗が起こっているということでしょう。しかし、さらに大事なことはお父さんにつかまってしまうこと。半分はつかまってうれしい、ほっとしたという思いで、後の半分はイヤダという思い。しかし、今までの夢なら、お父さんにつかまってしまうことはないと思う。つかまるということの中に、つかまえてほしいという思いが見えるわけだよね。しぶしぶ話したというのはそういう自分を認めたくない思いの表れ。しかし、腹が立ってお父さんに文句を言いまくっていたというのも、今までには考えられないことだよね。少なくとも夢の中では、つまり無意識の中では、文句を言いまくることができたというわけだね。現実とは異なることだけど、これは大きな意味を持っていると思うね。お父さんに対しても自己主張すべき時にはしていこうとしている表れと考えてもよさそうだね」

夢⑤（翌日）「学校。教室で、中学でいう学活のようなものをやっていて、班ごとでいろいろ話をしていた（四人グループ）。私の班はお父さんの絵を書いたらしく、それを他の班の友達に見せた。その友達に『あれ?三人分しかないよ!』と言われて私は『うちはお父さんはいないからね!』と笑いながら普通に答えていた。その後、お昼になって、ホカ弁に電話で注文していたお弁当を自転車で取りに行ったが、自分がほしいのがなくて、他のものになってしまった。その後、ホカ弁の帰り道、自転車で帰ってる途中、渡りたかった横断歩道を渡れなくてそのまま進んでいたら、いつの間にか五、六人の集団で迷子になってしまった。そして困りながらどんどん進んでいたら、駅が見えてきてしまった。あわてて助けを求めにまずSさんに電話したがつながらず、お母さんに電話しようと思ったが、やめてTちゃんにメールを送った。そしたら自転車に乗って汗だくになって、すぐにとんで来てくれた。すごくほっとした。そしてTちゃんの案内で家に帰っていった。」

「自分がほしいのがなくて他のものになってしまった」というところは葛藤や迷いや複雑な思いの表れ。この夢の特徴は、迷子になったが、お母さんでなくTちゃんの案内で無事に家に帰り着いたというところ。分析やお父さんへの思いの整理やらで心の奥は混乱しているが、でも無事に家に帰り着いたということで、自分の分析への不安を一掃している。ただ、お母さんを通してでないところに別の意味がありそうだが、ここには表れていないから取り上げることはできない。このように説明しました。

夢⑥（三日後）（実際に、夕方、お父さんが来た日の夜見た夢。A子さんは、家に帰ると、お父さんには会わずに二階へ行く）

「夢…ステージの上で歌を歌っていた。（私は歌手なのか？）そしてなぜか演出（？）で私がナイフで人を刺すことになっていた。刺しても絶対ケガをさせたり死んだりなんかしないから大丈夫と言われていたが、いざその時がくるとさすがにためらった。でも、さされることになってる女の人の横にいた女の人が『絶対大丈夫！』というので、結局私はナイフで女の人を刺してしまった。そして、『絶対大丈夫』と言われていたのに女の人はケガをしてしまい包帯をまいていた。」

女の人がお母さんを指すのか私を指すのかで解釈が変わる。お母さんを指すと考えると、お父さんへの私の思いがゆるんできて受け入れようとしていることに対してお母さんは反対している。だからお母さんに悪いなという思いがある。それが刺してしまうという形になって表れた。ケガをしたというのもその思いの延長と考えられる。一方、女の人を私だと考えると、絶対大丈夫だと言われているが実際にはケガをするということから、分析を受けることによってお父さんを受け入れる方向に自分の心が動いていくことに対する不安の表れ。このように話しました。

今回は夢も毎日書き自由連想も長く綴るというように、分析に積極的に臨もうとする姿勢が表れています。夢も連想もお父さんを受け入れようとする思いが表れてきています。葛藤や不安があって複雑な状況には変わりないが、一方で、無事にことが進んでいくという見通しもあり、全体的な抵抗がゆるんで自分をありのままに受け止めようとしています。

家でも学校でも精神的にかなり安定してきているということなので、このままありのままの自分を認めるような方向へゆっくり進んでいこうと言って握手で別れました。

夢の変化…無意識の中の闘いから心の安定へ

第11回面接（一週間後・11月）

この週は妹さん（拒食症・不登校）が大変な状況だったので、A子さんも月曜日から木曜日まで学校は欠席。金曜日になって面接があるということもあって登校したということでした。しかし、精神的にはずいぶん落ち着いていました。「今までだったら、妹がこういう状況になると私の方もパニックになってどうにも自分をコントロールできなくなってしまうんですが、今回は妹とお母さんを励ます側にまわって、私自身は安定していました」と言いました。

夢①「（絵を描いてきて）自分が次の絵のようなおりに入っていた。」

私　「おりって？　どんな感じ？」

A子「閉じこめられているような感じ」

私　「この中に閉じこめられているの？」

A子「はい…」

私「妹さんの名前はなんていったっけ？」

Ａ子「あーっ！　みえこ！」

私「気がついたみたいだね……。そうすると、この夢は？」

Ａ子「私が妹に閉じこめられている！」

私「そういうことになりそうだね。妹によって自分が束縛されている。それを自分の無意識がはっきりと認めたということになるね」

Ａ子「はい…」

（母親・父親の名前も確認したが、いずれもＭＩとは無関係だった）

夢②（三日後）「黒い服の人たち四、五人に追われる夢。つかまりそうになったけど、なんとかすり抜けて逃げた。逃げる時、隣の家に逃げかくれるか、坂道を登るか、坂道を下るかの三つの選択が自分の中にあったが、私は、みんなはきっと上に登るだろうけど私は下に行こうと思って、坂道を一人で、すごく長い距離をすごいスピードでくだった。その逃げてる途中、Ｔちゃんが『もしつかまっちゃったら、もう正直に話そう』と言っているのを思い出した。でも私は『つかまっても、ウソをつこう。本当は53だけど、72って言おう』と考えていた。」

私　「この夢を見た日はどういうことがあったの？」

A子「学校を休んで夕方寝ていたら、クラス担任から電話があった。妹が電話だけどどうする？と聞いてきたので、出たくないからって言ってと言うと、妹は寝てるって答えていた」

私　「53っていう数字で思い出すものはなに？」

A子「まったくわからない……」

私　「それじゃあ、72は？」

A子「この前に受けた模擬試験での大学合格可能性がたしか72か73％だと思う」

私　「そうすると53っていうのは、なんだろう？」

A子「今の自分の実力かな？」

私　「大学受験のことだと考えると、自分の道を自分で進もうとしている思いの表れと考えてよさそうだね……。この夢で一番のポイントは、正直に話そうではなく、ウソをつこうということ。ウソをついてでも自分の思いを尊重しようというところに、今までにない強さが見られるね」

A子「ウソをつくことに強さですか？」

私　「今までは、自分の思いを殺してでも家族のことを優先するようなところがあったでしょう。

それが、ありのままの自分をしっかりと認めて受け入れるように変わってきはじめて、その結果、自分の思いを通したいという自分が表れてきたのではないのかな。ウソをついてでも思いを通したいって」

A子「ウソをつくことは悪いことなのに、それでも強さなんですか？」

私「ここは大事な点だね。ウソをつくというのは、道徳的に考えれば悪いこと。だから、A子さんの理性はきっと悪いことだと判断するでしょう。でも、夢は、つまり無意識は、道徳や倫理からはずれたありのままの自分の思いを形を変えて表現してくるんだよ。だから、時には非道徳的なことも夢の中では平気で起こるんだね。そこで、非道徳的な行為を通して、無意識が象徴的に言おうとしているメッセージをつかむことが重要になるんだよ。つまり、行為が道徳的か非道徳的かが問題ではなくて、その行為を通して言おうとしている無意識のメッセージこそが問題なんだよ。だから、この夢では、ウソをつくことが問題ではなくって、そうしてでも自分の思いを通そうとすることがA子さんの無意識が言いたいことなんだよ」

夢③（翌日）「四、五人で旅行していた。休憩に立ち寄った旅館で。その旅館は古くてあまりもうけがないらしく、経営が困難らしい。それについて話し合いをしていたその旅館の女の人たち。一人の大柄の女の人は『私がちゃんとここを守る！』と言っていたが、すみにいた小さな女の人は『私はもうここを売ってしまおうと思っていたけどな。でもこんなこと言ったら裏切りだ』といった感じで、何かうしろめたそうな様子でいた。」

自分のありのままを認めることで安定していく心

前日の夢も考えてみると、心の中で懸命に戦っていることがわかるね。現在の状況は学力面では苦境にあるし、妹のことでも心を痛めている。大学受験が目の前に迫ってきているので妹の問題で振り回されたくない。しかし、母親のことを考えるとほっておくこともできない。受験のことではウソをついてでも自分の思いを通したい。しかし、うしろめたさを抱えている。つまり、この夢は、自分が自分の意志を貫きたいとか、自分の今の必要を優先したいとか思っていながら、そうしてしまうことへのうしろめたさを覚え、両者が無意識の中で懸命に戦っているということを示しているように思うよ。

無意識の中での戦いがはっきりしてきたことで、A子さんの心がずいぶん安定してきているように思う。だから、葛藤する心をありのままに認めていくことが今必要だろうと思うよ。同時に現実的には、大学受験に向けての勉強に全力で取り組むことが求められているんだろうね。

このようなことを言ってみました。

するとA子さんは、「本当に、自分でもびっくりするくらい、心が安定してきています。自分の心の中の葛藤を認め、ありのままの自分を認めるとどうしてこんなに安定するのか不思議なんです。ちょっと考えると、ありのままの自分を認めると、イヤな自分やダメな自分をも認めてしまうことだから、心が乱れるように思うのですが、逆で、落ちついてくるんです。不思議な気持ちです」と言います。

心に不安を抱える人が、嫌な自分やダメな自分を含めたありのままの自分を認め、同時に自分の良さも認められるようになると、心が落ちつき安定していきます。人間の不思議なところですが、相談を受けていてよく感じることです。

安定した日常生活へ

第12回面接（一週間後・12月）

学校の期末テストがあって勉強が大変だということで、今回は夢を二つ持ってきただけでした。家族への思いはまだ揺れていますが、精神的にはすっかり安定したような感じで、勉強の方もはかどっているようでした。

夢①「修学旅行みたいな感じでディズニーランドに行った。Tさんと一緒に乗り物に乗った。」

夢②（同日）「S君をみんなで走って探していた。そして見つけたとき、私に向かって『どうしてオレのケータイ番号ばらすんだよー！』と言われ、『えっ、私言ってないよ。昔のケータイの番号しか知らないもん』と言った。」

私「この間どんなことがあったの？」

A子「おばあちゃんの法事があって、みんなで出かけたんです。道中、母の運転が荒っぽくて、こわいなと思ったら父の運転を思い出して、『荒っぽくない？』と言ったんです。すると、母は怒りだしてしまったんです。私はおなかが痛くなって黙っていると、ぶそくっているように言われ、『どうせ私が悪いよ』と母が言います。私は、そんなつもりで言ったんじゃないよという思いだったけど……。親戚の家でトイレにこもって、結局法事には行かずに（寺までは行ったが自分だけもどって）車の中にいたんです。体に力が入らなくなって、母といさかいになってしまって……。そして家に帰ってきて見た夢がこれです」

私「S君ってどういう人？」

A子「高校を中退した人で暴走族っぽくってこわい感じの人。高校では気の合う友達がいなくてかわいそうだった」

私「そう……。①の夢は意味がよくわからないね。②はS君を、お父さんや、怒り出したお父さんの姿だと考えると、そこに向けてはっきり自己主張できるようになってきているということだね」

今回は夢解釈がはかどりませんでした。しかし、夢の中で心がバランスを取ろうとしていることは確かです。日常生活においては心は本当に安定してきているから、心のバランスを欠くといった問題はもう大丈夫だろうと思いました。だから、大学受験勉強への取り組みを強めていっても大丈夫だと思い、受験への取り組み方についての話をしました。

精神的な落ち着き

第13回面接（一週間後・12月）

精神的にはほぼ落ちついた感じで、受験勉強にも熱が入ってきているようです。自由連想を一つと夢を一つ持って相談室に来ました。

自由連想（ポイントのみ箇条書きにします）

○そういえば、前まではお風呂の中とかでお父さんのこととか辛いこととか思い出しては（というか勝手に出てきやがった！）辛くなってヘコんでたけど、最近はないなぁ。よかったよかった。私も成長したなぁ！　エライエライ

○そうそう、今日はなぜか文末が「です。ます」です。自分でもよくわかりませんが、なんだかとても落ち着いた気分なので「です。ます」です。

夢①（面接の日の朝）「バイクに乗っていた。三人乗り。三人乗っていた（Sくん・Tくん・一番後ろに私。途中で真ん中に変わる）。街中を走る。『今度こそ三人乗りを成功させなければ』と電話でS君から言われていた。S君が誰かにそう言われているという。そう言われたのなら私もしっかりやらねば。Rちゃんの家に行く。大勢集まっている。みんなで何かしなくてはと話していた。」

「心がすっかり安定してきている夢だね。自由連想でもお父さんのことをかなり消化してきているし、自分の意志もしっかりと主張できるようになってきているし、ほぼ安定と考えても良さそうだね。受験に向けて全力で取り組んでいける精神的な強さも出てきていると思うよ」。このように話して受験勉強の話題に切り替えました。相談を始めたときの心の不安はほぼ解決したと言ってもいいかと思います。学校を休むこともなく、日常生活もすっかり安定しています。妹の状況は変わっていないようですが、妹のことで振り回されることはなくなりました。お母さんに対しても、自分の思いをはっきり主張できるようになっていますから、これも大丈夫。お父さんに対する気持ちは、怖さが薄らいではきていますがもう一歩というところでしょうか。この点を除けば、面接の目的はほぼ達成できたと言ってもいいかと思いました。

夢の劇的変化…お父さんを受け入れる夢

第14回面接（一週間後・12月）

夢「Rちゃんと、お父さんの運転する車に乗って、カラオケをすることになっている場所に向かった。駐車場に車を止めて下りるとき、今日のカラオケにはお父さんも一緒に行くことになっているのを思い出した。あっどうしよう、と思いながらも、『もうお父さんのこと平気になった』ってTちゃんたちに早く知らせなきゃ！と思っていた。」

私　「すごい夢だね！　もうお父さんのこと平気になっちゃったっていう言葉……」

A子「自分でもびっくりしました！　私の無意識がお父さんのことを受け入れて、それで心が安定しているのかと思うと、本当に安心します！」

私　「9月から三カ月だよね。すごい変化だね！　A子さんが自分の意志ではコントロールできない夢の中で、お父さんを受け入れるようになって！　A子さんの心の奥の無意識の変化を、そしてそれによって意識や現実生活が変わっていく様子を、この三カ月間通して見せてもらって、感動したよ……。自分の意志と努力によって人は本当に変わるんだよね……。A子さんが自由連想や夢分析といったことを根気強くやり通したから、こんなにすごい変化を得ることができたんだよね！　すごいことだから自分をうーんとうーんと褒めてやらなくてはね。偉いぞA子ってね……」

A子「はい！　本当に夢の中身が変わるなんて、自分でもびっくりです。でも、確かに自分の心も生活も以前がウソみたいに安定していますから……」

私「とりあえず精神的にはいい状態で冬休みを迎えることができるね。これで受験勉強に安心して立ち向かっていけるね」

A子「はい！」

感動的な気さえする変化を見せてもらった。妹さんの状態は変わらないというが、彼女自身の心が安定してきているから、多少の問題は乗り越えていけるだろう。これで面接も終了していいと思うが、とりあえず冬休み明けにもう一度様子を見ることにした。

面接記録に躍るような字で綴りました。

夢の変化が現実を変える

第15回面接（三週間後・１月）

冬休みは精神的にも安定して受験勉強に取り組むことができたと言います。夢や自由連想は持ってきませんでした。家の中ではいろいろ問題はあるが自分は動揺することなく対処できていると言います。センター試験の話や大学受験の話などをして面接を終えました。面接はとりあえずこれで終了することとして、今後は必要があれば連絡してもらって会うことにしようと言って、受験がんばれの握手をして別れました。

第16回面接（三週間後・１月末日）

センター試験が終わり自己採点した後、結果が予想以上によかったので、第一志望の大学を受験しますといって話しに来ました。雑談に終始し、本番の大学入学試験めざして頑張るように話しただけで、A子さんは元気よく相談室を出て行きました。

その後1月末日に、見た夢を持って話しに来ました。

夢①（1月末）「私とお母さんと車に乗って走っているとき、通り過ぎた店の中にT君がいた。それを見てお母さんが『T君は太ったし』となんだかいろいろ文句を言っていた。それを聞いた私は何と答えたらいいかわからず、『そんなことはないよ』みたいなことを言ったが、とりあえず腹が立ったのであとでTちゃんとTKちゃんに言いに行った。」

夢②（翌日）「知らない人の家の中で白い花を誰かに追いかけられながら探していた。（この誰かも白い花を探していた）。私は、ここにあるはず！というところに行ったが、そこにはなかった。でも、その家の人が『こっちだよ！』と教えてくれたので、私は白い花を見つけることができた。その花は見つけた人の願いをかなえてくれるらしかったのだが、私は、私を追いかけて来ていた誰かに向かって『この人がきれいな着物を着れますように』と願った。」

夢③（翌々日）「アメリカに行くという予定で車に乗った。しかし、私が忘れ物などを何度もするのでなかなか出発できない。（車の中にはお父さん・私）。お母さんは別の車。妹はおじいちゃんとおばあちゃんと家で留守番。」

私「二つ目の夢を見た後はどんな気がした？」

A子「イヤな気はしませんでした。でも、なんで自分の願いを言わなかったのかなと思いました」

私「きれいな着物を着れますようにと願うこの人って、どんな感じの人？」

A子「年配の女性。ちょっと汚いかっこうだった……」

私「いろいろ考えると、一つ目の夢はお母さんに対する反抗をしきれずにいる夢で、二つ目は自分の思いや望みを抑えて相手の人の願いを叶えようとする夢。この相手の人ってお母さんかもしれないね……。三つ目は、お母さんが別の車っていうところから、お母さんへの抵抗が表れている。三つを合わせると次のように考えられそうだね。お父さんへの抵抗感はうすれて受け入れてもいいような思いが生まれてきたが、お母さんに対しては、今までは一方的にお母さんはかわいそうという思いだったけれど、お母さんだって問題があるんじゃないかという思いが形を表してきた。しかし、お母さんは苦労してきたのだからそのお母さんを責めることになるのはよくないという抵抗感もある。この両者が自分の無意識の中に起こってきていると考えることができそうだね」

A子「そう言えば、お父さんに対する嫌悪感は薄くなった気がします。お母さんに対しては、お母さんはずいぶん苦労してきたから文句を言ってはかわいそうだという思いと、でもお母さんだって問題があるんだからお母さんに文句を言いたいっていう思いと、両方があるように思います」

私「いずれにしても、自分の中に起こる葛藤とか、両方の思いなどをともに認めることがまず大事だよね。それがありのままの自分をありのままに認めるということに結びついていくのだと思う」

２月から家庭学習に入り大学受験本番になるので、面接はこれで終わりにしました。心が本当に安定してきているので当初の面接の目的は果たせたと思いました。

変化の足跡を振り返って…A子さんの手紙

その後大学入試を終え、A子さんは自分の思いを手紙にして持ってきてくれました。その中に次のような言葉がありました。

「六ヵ月ほど前、いつもいろいろなことに怯え、泣いてばかりいた私が、今、こうして三年間を振り返り、落ち着いて自分自身を見つめることが出来ていること、また、いまだ、胃がひっくり返ってしまうような辛いことがある毎日の中でも、しっかりと自分の気持ちをコントロールし、痛みを発散できるようになってきたこと、あの頃の私には全く想像もつかなかったと思います。

(今現在も、自分の落ち着いた状態に驚いているのですから…)

九月、目の前の辛い現実に、本当にもうダメかもしれない……と思い始めた頃、先生との初めての面接をしました。先生は私に二つの選択肢を与えてくれました。先生は、面接を続けることを勧めていませんでしたが、私はあの時、迷うことなく面接を続け、辛さの正体を探る方を選びました。もしかしたら、先生は不安だったかもしれませんが、私は不安よりも先生と面接が続けられるという喜びというか、安心感の方が大きかったことを覚えています。面接を続けている間も、たくさん辛いことがあったし、ほんとにたくさん泣いたけれど、金曜日、先生との面接があって、話を聞いてもらえると思うと、もう少し頑張ろうと思えたし、何よりも学校へ行こうと思えました。

十月、まだ辛さの正体も自分の本当の気持ちもモヤモヤしていてよくわからず、夢の中でもお弁当のおかずを上手くつめられないでいました。もしかしたら、この時が一番辛かったかもしれません。十一月、夢の内容がだんだん変化してきた頃。いい意味で手を抜き、自分の考えを認められるようになり、十二月、ついに、夢の中で、もう平気になったから……という言葉が出てきました。四ヵ月で、こんなにも自分が変わるのかと本当に驚きました。……と、ここまで勝手に自分のことを振り返り、全くおもしろみのない手紙ですみません。手紙に書く内容を、ここ一週間ほど毎晩寝る前に布団の中で考えましたが、やはり、このことを一番書きたいと思いました。先生はきっと、自分はそんなたいしたことはしてないなどとおっしゃるかもしれませんが、私は、もういくら感謝しても足りないくらい、言葉では表せないくらい、本当に、すっごくすっごく感謝しているんです。だからいっぱいお礼を言わせてください。いろいろなことを教えてくれてありがとう。私の汚いノートの字を読み続けてくれてありがとう。私を頭のいい子と言ってくれてありがとう。たくさんのパワーをありがとう。一緒に泣いてくれてありがとう。私と一緒に底なし沼に飛び込んでくれてありがとう。いっぱい、いっぱい、ありがとう。」

手紙をいただいた数日後、A子さんは、希望の大学に見事に合格しました。「先生、受かりました」とはずむ声で再び相談室を訪ねてきてくれました。本当に本当にうれしい声でした。むしろ、ぼくの方が数えきれないほど多くのものを教えてもらったし与えてもらったと力一杯の握手をして別れました。

自己肯定感が自分を変える

(面接を振り返って)

五カ月にわたる面接を通して、彼女の心はずいぶん安定していきました。夢の内容の劇的な変化が心の安定へのプロセスを如実に物語っていました。夢を分析していくことがこれほど心の安定をもたらすのかとあらためて無意識の働きの大きさに驚かされました。

彼女との面接を通して感じたこと考えさせられたことがいくつもありました。

心の安定を欠く人が立ち直っていくうえで不可欠なものが、自己肯定感を抱くことにあるような気がします。これは、今までの面接でも感じてきたことですが、彼女の場合もこの自己肯定感への気づきが、変化のポイントになったような気がします。第3回目の面接で、幼稚園の頃、お母さんが家を出て行くという姿をカバンの想い出とともに思い出し、「そんな小さな心を痛めながら崩れずにがんばってきた自分をいじらしい、愛しいといってほめてやらなくては」と私が言った時に流した涙が、次回の自由連想での「この前のカウンセリングうれしかったなー。ほっとした。あは。自分をほめるう？　私エライ。実感がないなー」になり、やがて第7回の連想で「苦しかった」「涙がー」「かげ山先生」につながっていきました。この自己肯定感とカウンセラーへの信頼感が土台になって心の変化を加速させていったものと思われます。

自己肯定感を得ることによって、父親への思いも葛藤のうちに受けとめられ、やがては父親を認めるところまでたどり着きます。現実の父親との関係は変わっていないのに夢に変化が見られるのは、心の奥底の変化がもたらしたものと考えていいと思います。

現実においては、まだ母親との関係や妹との関係、そして父親との関係なども未解決の部分を残しています。しかし、こうした心の安定を手に入れることで現実への対応のすべを身につけることができた経験が、やがて困難に直面してもそれなりに対応していく力を生み出すのではないかと思います。ありのままの自分をありのままにとらえるということを土台にして考えることができれば、困難をも乗り越えていけると思います。

卒業という一つの節目でカウンセリングを終了しましたが、人間の心の奥底の変化という感動的な姿を見せてもらいました。カウンセラーである私の方こそ、本当にありがとうと言わせてもらいたい五カ月でした。

第2章　カウンセリング実践記録　―家庭訪問による面接―

不登校から登校へ　（高校三年生B子さん）

母親来談…娘の不登校の不安

平成○年4月下旬、B子さん（高校三年生）の母親が相談に見えました。

「娘が昨日今日と学校を休んだ。疲れる、行きたくないと言っている。友だちと合わせられない、友だちに話しかけてもかえって迷惑をかけると言っている。もう学校へ行けなくなってしまうのではないか。せっかく高校三年にまでなったのに学校へ行けなくなるのでは忍びない。どうしたらいいのか」ということでした。

そこでB子さんの状況や家庭での様子などを伺ってから、「子どもの愚痴を十分聞いてやるように。ストレスがたまっているから受けとめてやるように。できるだけ学校や勉強のことを話題にしないで、それ以外の日常会話をたくさんしてほしい。まずは、今苦しんでいるという状況を理解して、話をよく聴いてやってほしい」と伝えました。そのうえで、「本人が相談に来られるようでしたら、連絡してください」と話して面接を終えました。

ＨＲ担任にはお母さんが見えたことをお話しし、Ｂ子さんの様子を見て、必要だと感じたら相談室へ行くように伝えてもらいました。

５月はほぼ登校しましたが、下旬になって二日間欠席しました。

５月の下旬に、二日間休んだからと心配して、母親が相談に見えました。Ｂ子さんは、我慢の限界にきたと言って家から出なくなってしまったというのです。

これはもう、Ｂ子さんに直接会う方がいいだろうと考え、「家庭訪問をしてＢ子さんに会ってみましょうか？」と話してみました。「そうしていただけるなら」とすぐその場で母親が家にいるＢ子さんに電話を掛けると、私の家庭訪問を受け入れるとの返事でした。

こうして、Ｂ子さんとの、家庭訪問による面接が始まりました。

Ｂ子さんの家は、父親（会社員）、母親（専業主婦）、弟（中学生）の四人家族です。

Ｂ子さんは、成績優秀で、まじめでおとなしくて、文化系クラブに所属し、友達は少ないということでした。大学進学を希望しているとのことです。

不登校での家庭訪問

第１回家庭訪問（５月末・夜）

Ｂ子さんが受け入れてくれるというのだから急ぐ方がいいだろうと、お母さんが見えたその夜にお宅に伺いました。
お宅に伺うとB子さんの部屋に通されました。ベッドと本棚と机、調度がよく整えられた部屋に、椅子が二つ並べて置いてありました。

児童や生徒が不登校になったとき、相談室に来てくれれば面接も可能ですが、家から出ることができない場合は、親御さんを通して対応を指示することになります。しかし親御さんを通してですから本人の様子もよくわかりません。したがって、うまく対応できない場合が多いのです。だからといって、子どもを「連れてきてください」と言うだけでは、親御さんを困らすことにしかなりません。

そのような時、条件が許せば家庭訪問を試みます。自分の学校の生徒の場合で、家にこもっている状況を打開するために必要だと考えた時は、本人の了解なしに、親御さんの依頼だけで訪ねていくこともあります。本人は会ってくれませんが、親御さんに会って、どっしり構えて本人のもがきを受けとめるように、対応の仕方を具体的に指示します。本人に会えなくても、親御さんの心の不安を受けとめることができたらそれでいいからと言って、親御さんに負担にならないように心掛けます。本人には、「心配だから会いに来た」とだけ告げてもらうことにします。こうして、翌週にまた家庭訪問します。本人が会ってくれるまで二ヵ月ほどかかったなどということはよくあります。

不登校の子どもは、学校に対して、また友達に対して、恐れや嫌悪感を抱いていたり、みんなは普通に通っているのにどうして自分は行けないのかと、自分への不信や自己否定感を持っていたり、このままでは将来どうなってしまうんだろうという大きな不安感に包まれたりしています。心の殻を硬く閉ざしているのですから、学校から派遣されてくるカウンセラーなる人間に対して、すんなりと心を開いて話をすることなどめったにありません。初対面の場合がほとんどですから、カウンセリングの始めは、相手に信頼してもらえるような人間関係を作ることが最も大事な点になります。そのためには、この人はどうしてこういう思いを抱いているのだろうかと考えながら、話をよく聴きます。少しでも相手の心のもがきがわかりたいと、全身を耳にして話を聴きます。このときの姿勢は、「治そうとするな、わかろうとせよ」に徹します。

思春期の子どもたちの心のもがきを、私は「思春期トンネルの中のもがき」と呼んでいます。不登校の子どもは、ちょうどトンネルの中でどっちに向かって歩いて行ったらいいのかわからず、しゃがみ込んでしまった状態だと考えます。そこで必要なのは、一緒にトンネルの中に入って、手を取って、横を歩いてくれる人の存在です。カウンセリングでは、カウンセラーが手を引っ張って歩くということはほとんどしません。子どもが自分で歩き出すように支え、歩き出しを待って一緒に歩くのです。そして、歩く方向が出口に向かっていくように注意深く手を繋いでいくのです。したがって、カウンセリングの初期の段階では、相手の子どもに「この人は、トンネルの中に入ってきて、自分と一緒に歩いてくれる人だ」という信頼感を持ってもらうことが何よりも優先されます。この信頼感がなければ、真っ暗闇の中で自分をゆだねる気にはなりません。ゆだねる気にならなければ、トンネル内にしゃがんだまま、立ち上がることはしません。

「学校へ行けない」心のもがき

B子さんが、第1回目からいきなり会ってくれたこと、しかも、自分の部屋に入れてくれたこと、これは今まで私が家庭訪問という形で行ったカウンセリングのスタートとしては異例に近いことでした。それだけ、B子さんは、今の状況を何としても抜け出したいと必死になって考えていたのでしょう。そして、そのように行動できるエネルギーを体の中に保持していたのだと思います。

B子さんは、「学校へは行けない。友だちとの人間関係を作れない。クラスの中で友だちと一緒にいても、何を話していいかわからず、言葉を口にすることができなくなってしまい、激しい苦痛に襲われる」と言います。

苦しいと言って顔を歪めながら話してくれました。

「友だちに対して、何を話していいかわからなくてつらい……。それだと、教室にいても、苦しくって仕方ないね……」

相づちを打ちながら聴きますが、苦痛に顔を歪めて話すB子さんを見ていると、こちらも泣き出したくなってしまいます。

小さい頃の自分について聞くと、ポツリポツリ、思い出すように、自分を語ってくれました。「小学生の頃はよく話した方だが、中学になってから、友だちもできず、友だちとの会話もなくなった。高校へ来てからも友だちはできず、休み時間や、教室を移動するときなどがつらい。今は学校へ行かなければならないとの思いと、行けないという思いとの葛藤状態で、限界に来ていて、足が出ない」

そこで、「今日は第1回目だから、B子さんの状況を教えてもらっただけでいいにしよう。次回から、B子さんの心の奥のもがきや苦しみの正体を見つけて、苦しみから抜け出すことができるように、相談を続けてみよう」と、毎週一回の家庭訪問による面接を提案しました。承知してくれたので、自由連想と夢分析について説明し、次回までに自由連想を記録しておいてほしいと伝えて辞しました。

母親の不安をぬぐうために

母親来談（三日後・6月初旬）

前回の訪問時に、一週間後にまた家庭訪問をさせていただくからと言って辞したにもかかわらず、三日後に母親が相談に来ました。B子さんが、もう殺してほしいと言っているというのです。物を投げつけたりするので、どうしていいかわからないと言います。

そうして、「先生、娘がこんなふうになってしまったのは、私の育て方が悪かったんでしょうね。不登校に関する本を読んでみると、多くが、親の育て方に原因があるって書いてあります」と言って、お母さんは涙ぐんでしまいました。

「お母さん、不登校の原因っていうのは、闇の中で、誰にもわからないものがほとんどなんですよ。ぼくは毎年、何人もの不登校の子どもさんたちと関わっていますが、どうして急に学校に行けなくなってしまったのか、原因のわかるものなんてまったくありません。前の晩は、明日は学校に行こうと思って準備するのに、朝になると、起きられなくなったり、お腹や頭が痛んだりして、足を踏み出せなくなってしまうんです。本人自身もどうしてそうなってしまうのかわからないんです。わからず、行けないので、だから苦しむのです。そうして、自分で心をコントロールできないから、一番感情をぶつけやすい母親に対して、怒りや苦しみを恨みとしてぶつけてくるんです。でも、そこが根本原因だと断言できるわけではないので、親にぶつけた怒りや恨みの激しさと同じ量を、自分自身に対してもぶつけるのです。親への怒りと恨みと、それをぶつけた分だけ自分に向ける怒りや罪悪感、そして、そうしてしまう自分に対する情けなさ……。だからどんどん苦しみの中に落ち込んでいくのです。子どもがそういう状況に追い込まれて苦しんでいる時に、原因は親の育て方にありますなんて言われても何の解決にもなりません。親は、その時点その時点で一生懸命子育てをしてきたんです。その時点でできるせいいっぱいをやってきたんです。だから過ぎてしまった過去は追わないでください。親が自分を責める姿を見ても、子どもは、自分のふがいなさの原因はそこにあるのではなく自分自身にあると感じていますから、すっきりしません。それればかりか、親が謝ると、子どもはかえって自分自身を責めるんです。親にそうさせてしまっている自分を嘆き責め、でもどうすることもできないから、よけいに苦しくなってしまうのです。

だから、お母さん、自分の子育てが悪かったという追及はやめにして、これからどうしたらいいのか、どうすることが子どもにとって一番良いことなのか、それだけを考えていきましょう」

目の前で泣くお母さんに、熱い説得口調で話しました。

不登校の子どもを抱えたお母さんが、共通して持たされる苦しみ。それが、この「親の育て方が悪いからこうなった」という言葉です。これを払拭してやらないと、子どもに対してどっしりと構えることができなくなってしまいます。子どもに対してオドオドして対応すると、子どもの不安は薄れるどころかいっそう増してしまい、解決への道が遠ざかってしまいます。

ひとしきりお母さんに話した後、B子さんに対しては、急遽、この日の夜に家庭訪問することにして、B子さんに伝えてもらいました。

「もう死んだ方がいい」

第2回家庭訪問（同日・夜）

部屋に通されて面と向かうと、B子さんは激しく泣きながら、次のように言いました。

「今、自分が何かによってがんじがらめに縛られているように感じる。学校へ行くということは当たり前のことで、誰でも普通にできている。それなのに、自分はできない。行こうと思うのだが、学校や教室や友だちのことを考えると足がすくんでしまう。どうしてそうなってしまうのか、自分でもわからない。誰かにいじめられているわけではない。友だちはいい人たちで、悪さをする人はいない。普通にできるはずの学校に行くことすらできなくなってしまった自分は、本当に情けない人間だ。こんな自分なんか、生きていない方がいい。自分で死ぬことはできないから、誰かに殺してほしい」

さらに、次のように付け加えました。

「自分がこんなふうになってしまったのは、親のせいだ。特に、母親が憎い。母親が私をこんなふうにしてしまったのだ。私は、親に愛されることなく育ってきた。だから、今、こんなふうになってしまったんだ」

母親に対する恨み、憤りが激しく口をついて出ます。自分は愛されることなく育ったという思いを強く持っている。だから、家を出て自活したいのだが、人とうまく話せないから、結局いやでしかたないこの家にいるしかない。八方ふさがりの状態で、どうしていいかわからない。もう死んだ方がいいと言うのです。

課題として書いてもらった「自由連想」には、激しい口調で、母親を罵り、自分を嘆き、生きる希望のないことが綴られていました。

そこで、まず、自分の心の中に思ったことを、よくありのままに書いてくれたと、思いっきり褒めました。そのうえで、こんなふうに思っているなんて、本当につらいことで、よく耐えているねと言ったのですが、言った自分の言葉に引きずられて泣き出しそうになってしまいました。「ここまで、ありのままの自分の気持ちを、正直に書いているんだから、B子さんは、自分の心の中をしっかりと見つめてとらえることのできる人だと思う。だから、心の中に潜むものを吐き出しながら、自分の内面を見つめることによって、B子さんの心を苦しめるものの正体を探そう。人と話すことを妨げてしまうものの正体を探そう。必ず話せるようになるから」と励ましました。そして、次回までに、ロールレタリングの方法を用いて、一人二役で母親との手紙の交換を行い、それをもとに正体探しに入ろうと話して、この夜の面接を終えました。

（注：ロールレタリング…自分一人で役割を交換して手紙を書く。例えば、自分から母親宛に手

紙を書き、翌日母親から自分宛に返事を書く。これらを全て自分一人でやる。そうすることで、自分の怒りや思いを言葉にして吐き出し、同時に母親からの反応を自分で書くことによって母親の立場を理解し、さらに自分の思いを客観視する。このようにして、自分の思いを発散させ、相手の思いへの理解を図る、心理的な方法）

B子さんは今、大変な状態にある。しかし、トンネルの向こうに必ず光はある。出口は必ず見つかる。B子さんを苦しめるものの正体を見出す作業を進めながら、一歩を踏み出せるように持って行きたい。

この日の面接記録は、自分自身を鼓舞するかのような文章を記して閉じました。

心を苦しめるものの正体探し

第3回家庭訪問（三日後・夜）

この間、B子さんは不登校。家の中に閉じこもっていたそうです。

ロールレタリングによる母親と自分との手紙を二回分書いたと言って、文章を見せてくれました。

まず、母への恨みが激しい口調で綴られていました。

こんな自分になったのは母親のせいだ。自分は愛されなく育ったから、人付き合いもうまくできないんだということが繰り返し書かれています。

さらに、自己嫌悪の思いが綴られ、友人に話すこともできないつらさが書かれていました。

次に、母親の立場に立っての返事です。

そんなことを言われても、自分なりの子育てをしてきたのだからという弁解と、母親側からの怒りが書かれています。

「手紙」をもとに話し合ううちに、自己嫌悪があって、そこから、友だちにうまく話せない自分が生じているらしいというところまで、自己洞察が進んだようでした。ただ、このままでは、大学へ行っても、人と話すことのできない自分になってしまいそうでこわいと言います。

自分のありのままの姿を直視することはとっても辛いことです。しかし、そこを通らないと、トンネルから抜け出すことはできません。Ｂ子さんは、そのつらい作業に立ち向かう入り口に立ったと言えそうです。

「先生、私、苦しくって苦しくって、どうしようもないんです。もう、自分を消してしまいたいって……。苦しくってもがくんですが、ちょうど、底なし沼に落ち込んでしまったかのようで、もがけばもがくほど、どんどん底に沈んでいってしまうんです。助けてほしいっていう気持ちと、もうどうせなら、このまま潜ってしまえばいいっていう気持ちと、両方なんです」とＢ子さんは言いました。

そこで、「必ず回復できるからがんばろう。B子さんが入ってしまった底なし沼に、ぼくも飛び込むから。ぼくの体をロープで縛って近くの木にそのロープを縛り付けて沈まないようにして、B子さんを抱きとめて、浮き上がるようにするから。そして、沼から出る方法を見つけるから、まかせてほしい。だから、一緒にがんばろう」と言って励まして面接を終わりました。

学校へ行くことは今ととても恐いというので、無理をしないように、そして、次回までにロールレタリングの続きをやっておくように指示しておきました。

母親への恨み、沈静に向かって

第4回家庭訪問（五日後・夜）

ロールレタリングによって、母親に対する恨みや思いは一通り出尽くした感じでした。今まではうって変わったように、かなり落ちついた様子が見られました。家の中でも暴れたりすることはほとんどなくなったと言います。心の中にたまっていた思いを吐き出すことで、かなり楽になったのでしょう。しかし、親に対する反発が消えたわけではなく、家を出て親から離れたいという思いが強く意識に上ってきたようです。そのためにも、大学へ行きたいとの思いが強くなってきたようで、全国大学一覧を見て調べはじめたと言います。

学校へは恐怖感があって行けそうにないというので、焦らず、エネルギーをためていこうと話しました。

次回からは、自由連想と夢分析を通して自己を見つめていこうということで、まず一時間ほど頭に浮かんだことを自由にありのままに書いてみるように、そして、夢で覚えているものがあったら書き留めておくようにと、課題を出しました。

母親来談。４回目の家庭訪問後、お母さんが相談に見えました。

家の中では、ひと頃に比べたらかなり落ちついてきている。しかし、時々爆発しそうになるので、腫れ物に触るような思いで応じている。学校へは行く気配もないので、今後どうしたらいいのでしょうか。

このような内容の相談でした。

そこで、今家でできることは、B子さんの話を一生懸命聴いて、彼女の不安や怒りや思いをわかろうとすることですと話しました。さらに、「人には良いときもあれば悪いときもある。あなたは私たち親にとってかけがえのない大切な人だから、どんなときがあっても決して見捨てることはない。むしろ、悪いときや大変なときこそ、しっかり支えるから、安心してほしい」というメッセージを、子どもに伝えてほしいと話しました。

B子さんが歩き出すためにも、親の心のもがきや焦りを聴いて受けとめ、親を支えることが重要なのだと強く感じました。

落ち着いて目を心の内に

第5回家庭訪問（五日後・夜）

B子さんは落ちついた雰囲気で私を部屋に迎えてくれました。

この間、平日、学校のある日は、午前中寝ていたり、朝普通に起きて本を読んだりテレビを見たりしている。夕方になってから、気が向けば散歩するくらいで、家の中から外へは出て行かない。休日は、午後になって本屋さんに出かけたり、コンビニに買い物に出かけたりするが、大半は家の中にいる。親や弟とはほとんど口をきかない。

このような生活を送っているとのことでした。

課題にしておいた「自由連想」の書かれたノートを見せてもらい、それを話題にして話し合いました。

話の中で次の点が明らかになりました。

・小学校の頃は、友だちと元気に外をとびまわり、十分遊び、非常に楽しい時を送った。

・しかし、中学生になってから、友人との関わりを持てなくなった。

・親しい友だちは少ない。
・友だちの前に出ると、どの程度自分を出したらよいのか、どのくらいの距離を取ったらよいのかまったくわからず戸惑ってしまう。
・だから、対応の方法が整理できたら、道が開ける可能性がある。
そこで、次回までに「友だちと会話できず学校に行けずに苦しんでいる。その苦しみによって自分の心の中の何かを守っているものがあるとしたら、守っているものはなにか」というテーマで自由連想を始めてみるように指示しました。

「先のことを考えると不安に襲われる」

第６回家庭訪問（四日後・夜）
「友だちと会話できず学校に行けずに苦しんでいる。その苦しみによって自分の心の中の何かを守っているものがあるとしたら、守っているものはなにか」というテーマで自由連想をやるように指示したのでしたが、「苦しみによって守っているものは何か」というテーマが考えにくかったからか、それとも、直接Ｂ子さんの心の奥の問題に触れることになってしまったからか、部屋の中のＢ子さんの雰囲気には険しさが見られました。
自由連想をもとに、Ｂ子さんは次のような内容を話しました。

・不安でたまらない。先が見えない。
・このままでいくとどうなるのか不安で押しつぶされそう。
・苦しみによって自分を守っているものがあるなんて思えない。
・学校へ行かねばならない。でも、行けない。
・自分はどうしてこうなってしまったのか。

B子さんは、学校へ行かなければならないという強い思いがあって、行けない自分は脱落者でダメ人間になってしまうという思いと、現実に行けない自分をどう考えたらいいのかわからない思いと、そして、このままでは学校も卒業できなくなってしまうし自分の将来がダメになってしまうのではないかという不安などが、複雑に絡み合って苦しんでいる。そして、いくら考えても堂々巡りをして抜け出せないでもがいている。そのように感じました。

ただ、B子さんは、言葉では、つまり意識レベルでは、絶対に学校へ行くことはない、退学すると明言しました。

B子さんが学校に行けないと言っている心の奥に、行けなくなっている自分は弱くてダメな人間であって、そんな自分を友だちや先生たちの前にさらけだすわけにはいかないというプライドが潜んでいるように感じたので、次のように言ってみました。

「人間にはみな、良いところとダメなところがある。ダメなところのない人間なんて世の中に一人もいない。だから、自分の中にダメな部分があってもいいんだよ。それが当たり前なのだから。自分の弱さやダメなところを隠そう隠そうとして人は友だちの前で振る舞うけれども、隠そうとする限りずっと背伸びして生きつづけなければならなくなる。ダメなところがあっていいんだ、仮に誰かに笑われても、笑うその人も自分の中にダメな部分を隠し持って生きているのだからと思うことができると、すうっと肩の力が抜けて、自分でもびっくりするくらい強くなれるんだよ。自分のダメなところを認めること、そして自分のいいところを認めること、そうしてありのままの自分を丸ごと、これが自分だと認めてしまうこと、これが今のＢ子さんが、今の状況から抜け出すために必要なことだと思うよ」

「先生、そう考えることがもしできたとすると、苦しみによって私が守ろうとしているものって……」

「考えてごらん、今のＢ子さんなら、きっとわかるから」

親への憎しみとその裏に潜む親を求める思い

このような会話を続けていくうちに、Ｂ子さんは、落ちついた口調になり、ゆっくり自分の心を見つめ、自分を振り返る柔らかな表情に変わっていきました。ところが、話題が友だちのことになったとたんに、表情が一変し、険しい視線に戻ってしまいました。

・自分は、友だちに受け入れられることはない。友だちと関わりを持つことができない。
・こんな自分にどうしてなってしまったのか。
・こうなってしまったのは親のせいだ。
そう言って、母親への恨み、憎しみを口にすると、号泣してしまいました。

今、B子さんは、親への恨み、憎しみというフィルター越しに全てを捉えてしまっているのではないかと思いました。そこで、「親に対して、それほど激しい憎しみを持つということは、それほど仲良くなりたいという思いの裏返しだよね」と言うと、しばらく黙ってから、頷きました。

「これほど激しい憎しみを持つということは、激しいエネルギーがB子さんの心の中に潜んでいるということだよね。だから、エネルギーがあるということは、ここから抜け出す力もあるということだよね」

そう話すと、自分で自分の心を鎮めるかのように、しばらく黙ってから、こくんと頷きました。興奮が治まったところで辞すことにしました。


がんばれ、B子！　がんばれ、B子！

神様、どうか、B子さんに、苦しみから抜け出す力を与えてください。ぼくには、B子さんを救い出す力はありそうにないから、神様、どうか、B子さんに力を与えてください。今、彼女にとっての大きな山場が来ているように思います。次の面接の時に、Ｂ子さんの心を動かすことのできる言葉とそれを見つけ出す力をぼくに与えてください！

このように、面接記録に綴りました。

カウンセラーとしての私自身の力のなさを嘆くばかりですが、嘆いていても事態は進展しません。相談がうまく進むか否かは、苦しむ本人の心にいかに寄り添えるのか、そして、いかに解決への道筋を二人で発見することができるのかにかかっているような気がします。だから、カウンセラーが自分の小ささや限界をしっかりとつかみ、同時に、相手の人間の心の奥に潜む力、自然治癒力に、いかに信頼を寄せることができるかが、解決への道を開けるか否かのポイントになるような気がします。

あらためて、そのようなことを考えさせてもらったこの日の面接でした。

卒業に向かって心が動く

第７回　家庭訪問（三日後・夜）

前回から三日後の家庭訪問でした。前回の興奮や号泣がすっかり治まっていて、静かに自分を振り返っていました。話し方も穏やかで、心の奥の方が動き出したかのようでした。

見た夢を三つ話してくれました。

夢の中では、学校へ行かなくてはとの強い思いがあって、行けない自分との葛藤の大きさを物語っていました。

親への憎悪と恨みについては相変わらずでしたが、そこには触れませんでした。

会話の中で、「中学以降ずっとがんばってきたのだから、何とか単位を取って卒業して家から出て行けるようになりたい」という言葉が出てきました。

「怖いけど、怖さと戦いながら学校へ行けるようになりたい」という思いが言葉になって表現されたきたので、この心の動きに合わせた対応をと思い、次回に、卒業に必要な単位を取得する条件（出席日数など）を調べて持ってきて話し合おうということにしました。

前回から考えると、大きな「一歩前進」です。不安が消えたわけではありませんが、大きな展開を見せはじめたことは確かです。

大事なときにさしかかってきました。

カタルシス効果

第8回家庭訪問（六日後・夜）

すっかり落ちついてきていました。

家での生活は変わりない。昼間は家から出られず、夕方になって少し出るていど。休日には買い物に出ることくらいはできると言います。

四日分の夢を話してくれました。

小学校の頃の友だちが出てくる夢で、快い目覚めだったと言います。

口では、「学校へ行かなければならないとの強い思いと、考えただけで足のすくむ思いの両方があって、今は、まだ行けそうにない」と言いますが、夢の中では、小学校の頃の元気な自分を取り戻しつつあるようで、打開に向かって大きく動き出していると考えられます。

面接の中で、不安や自己嫌悪や怒りや恨みなど、心に詰まったものをぶつけてきます。しかし、それがカタルシス効果を果たしているのでしょう、面接を繰り返すごとに少しずつですが落ち着いてきています。

「単位を取って卒業して、家を離れたい」という言葉をはっきりと口にするようになったので、調べてきた残りの出席すべき日数を示して、そこまでがんばれるかと聞いてみました。しかし、教室に足を入れることを考えただけでも、不安で、恐ろしさがわき上がってくると言います。そこで、まだ無理をしないようにと言って話を切り上げました。

全体的にはかなり落ち着いてきている。学校へ行くための手だてを具体的に提案してもいい時期かと考えての訪問面接だったが、少し早かったようだ。これからどう展開していくのか、彼女自身の力を信じたい思いと願い。
面接記録にはこのように記しました。

登校刺激の是非

一般的に言って、不登校の場合は、登校刺激は与えない方がいいと言われています。学校へ行くようにという言葉は、不登校で苦しんでいる子どもにとっては最も言ってほしくない言葉です。ですから、家の中では、できるだけ、学校のこと、勉強のこと、将来のことに触れずに、それ以外での会話をたくさんしてほしいと、親御さんにお願いします。しかし、不登校の子どもの多くは、学校へ行けるようになりたいと思っています。だから登校刺激は与えないということを金科玉条のように考えてしまうと、本人の思いからかけ離れてしまうことにもなりかねません。この点でのバランスが難しいのですが、本人が登校への意志を見せたとき、さらにそれを裏付ける心の奥の反応（無意識からのメッセージ）が窺われるときは、思い切って登校を勧めることも必要だと思います。その場合、クラス担任や学校側とよく連絡を取って、クラスの中での受け入れ態勢を整えてから、登校の日を迎えることが大切です。受け入れ態勢が整わないままに登校を促して教室に入ってしまい、心に再びダメージを受けてしまうと、再修復には数倍の困難が伴う場合があります。

登校を促すタイミング

Ｂ子さんの、親に対する憎しみや恨みは、言葉で表現されることによって少し薄らいできました。自分自身に対する見方も、情けないの一点張りではなくなってきました。さらに、ありのままの自分を見つめようとする動きが出てきました。

Ｂ子さんは、自分の心をコントロールする方向に向かって大きく動き出したと言ってもいいかと思います。その証として、夢の中で小学校の頃の元気な自分を取り戻してきています。さらに、どうしても単位を取って卒業したいという強い思いを口にするようになってきました。

これらを考えると、学校へ出て行くことを具体的に話してもいいのではないかと思ったので、卒業への最低出席日数を示してみたのですが、しかし、Ｂ子さんは「教室に足を入れることを考えただけでも、不安で、恐ろしさがわき上がってくる」と言いました。そこで、まだ無理をしないようにしようと言って話を切り上げたのでした。

様子を見ながらですが、後ろから押してやる時期にきているように思いました。

夢の変化…回復に向かって

第9回家庭訪問（五日後の7月初旬・夜）

夢をもとにした話から面接を始めました。

公園で遊ぶ夢。小学校の時の仲の良かった友だちが出てきて一緒に遊ぶ夢です。

前回も小学校の友だちが夢の中に出てきましたし、今回はさらに一緒に公園で遊ぶということから、夢の中で彼女の無意識が変化していることをはっきり物語っているように感じました。

学校へ出て卒業単位を取って、家から出たいという思いが強くなってきている。しかし、「学校」と考えるだけで足のすくむ思いがする。B子さんは、前回と同じことを言いましたが、「足のすくむ思い」という言葉に、どうしても避けられないような「怖さ」の響きを感じませんでした。そこで、無理をしないように話しながらも、期末テストが終わった後で、相談室に登校してみたらどうか、そこで、教科担当者に課題などを出してもらったらどうだろうかと提案してみました。ただし無理のないようにと繰り返しました。次回の面接のときまで少し考えてみてほしいと話して、お宅を辞しました。

彼女の無意識は前向きに動いている。登校については耐えることができそうだと思う。今が背中を押す時だろう。次回に相談室登校の具体化を図りたい。

このように面接記録に綴りました。トンネルの出口がうすぼんやりと見えてきたような気がしました。

相談室登校の勧め

第10回家庭訪問（六日後・夜）

前回の面接で、相談室登校を考えてみようと話しておいたため、プレッシャーがかかることを心配しました。プレッシャーのかかり具合を夢で判断しようと思っていたのでさっそく聞いてみました。

この間に見た夢のうち一つを除いて皆、現状の克服を願うものばかりでした。

ただ、今朝見た夢は少し違って、地震の大きな揺れが起こるものでしたが、不安を抱きながらもその中に巻き込まれなかったというものでした。

これは、「登校への不安と自分を変えたい願いとが心の奥にあって大きく揺れている。しかし、揺れの中に巻き込まれない強さが見られる夢だった」と考えられます。

無意識のメッセージがこれなら大丈夫だろうと思い、さらに、登校を勧めるなら日をおかない方がいいだろうと考え、思いきって、明日からの登校を勧めてみました。

Ｂ子さんは、まだ「学校」と考えただけで足のすくむ思いがするが、とにかく相談室へなら行ってみようと思うと言いました。

友だちに顔を見られたくないというので、生徒が登校する前の早朝に登校することにしました。教科書等は事前にこちらで相談室に運び入れておくことにし、担任及び教科担当者にも連絡を取って対応を確認しました。

いよいよ、新しい一歩です。この一歩をどう乗り切るかが、今後の進展を大きく左右します。神様に、「B子さんに乗り切る力を与えてください」と祈るばかりです。

相談室登校

翌日7月中旬

早朝、B子さんは緊張に体をこわばらせながら、相談室に入ってきました。

部屋の中で待っていたら、足早に近づく靴音に続いてコンコンとドアを叩く音がしてB子さんが顔を見せました。胸が熱くなってしまいました。

五十日近い日々を家の中で悶々として生活していたB子さん。学校ばかりか、人の集まるところにはほとんど顔を出さずにいた日々でしたから、不安と緊張は並大抵のものではなかったでしょうが、よく、勇気をふりしぼって一歩を踏み出してくれました。

午前中、教科担当者から課題を出してもらって、一人で自習しました。

帰り際、どうだったか問うと、激しく疲れたけれど他の生徒と会わなくてすむからこれなら来ることができそうだと言います。そこで、来ることができた自分を大いに褒めるように言ってから、でも、けっして無理をしないようにと言って帰しました。

「神様に感謝。感謝以外の言葉がない。」面接記録への言葉です。

夏休み中の登校

７月中旬から８月の夏休みにかけて

以降、毎日登校してきました。教科担当の先生から課題を出してもらって、相談室で一人で学習です。

登校に慣れるにしたがって、「学校」への抵抗感が薄らいでいったようです。しかし、「友だち」への抵抗感は残りつづけているようで、「友だちに会うことはできない」と強く主張しました。そこで、「こうして学校に来ることができているだけで、家にいた頃からは考えられないほどの変化だから、今は、そんな自分をめいっぱい褒めよう。友だちに会うことは、やがて、時が来ればできるようになるから、心配いらないよ。今は、何よりも、自分自身の変化を、ありのままに受けとめ、驚き、褒めよう。学校へ行けないって泣いた頃に比べたら、今の姿は想像もできないほどすばらしいんだから」と言って、現状の自分を肯定することを何よりも大事にしてほしい旨を話しました。

夏休みに入りました。せっかく出て来ることができるようになったので、休み中も午前中だけでも相談室で勉強したいというので、相談室を開けました。B子さんは休み中の大半を相談室に登校して一人で勉強をしていました。

B子さんが相談室に来ていると知って、友だちが時折相談室に顔を出しましたが、その時は普通の表情で対応できたと言います。ただ、友だちが帰ったあとに、「疲れた」と言って顔を曇らせました。その度に、「すごいね、あんなに会うのが怖いって言っていた友だちにも会えたんだから。疲れたとは言っても、会って普通に話した自分を、うーんとうーんと褒めてやらなくてはね」と言って励ましました。

こうして、夏休みを終え、9月の二学期が始まります。次の最大のポイントが、二学期のスタートを、教室に入って切れるかどうかということです。休み中は、相談室登校できたとはいえ、友だちとはほとんど会わずにすみました。しかし、教室に入るとなるとそうはいきません。友だちと会話しなければなりません。授業の中で一緒に行動しなければなりません。そういったことをどうクリアしていくのか、最も試されるときです。

そこで、夏休みの終わり頃に、二学期の迎え方について話し合いました。しかし、B子さんは、私の心配を押し返して、「大変かもしれないけど、教室に入って授業を受けてみます」と言います。そこで、朝、まず相談室に来て、そこから教室へ行き、帰りにまた相談室へ寄っていくという形で、スタートしてみようと提案しました。

教室へ

こうして、9月1日を迎えました。

早朝、生徒が登校する少し前、B子さんは相談室に顔を見せました。緊張した顔です。「どう?」と言うと、「緊張しています。でも、なんとか、がんばってみます」と言って教室へ向かいました。

クラス担任には、B子さんが今日、朝から教室へ入るからと伝えて、クラスの友だちからの声かけなどを頼んでおきました。

「ぼくは今日は相談室にいるようにするから、困ったらすぐにここへ来るように」と言って待機していたのですが、心配でたまりません。コツコツ足音が聞こえてくると、もしかしたらB子さんではないかとドキドキして耳を澄ませ、足音が通り過ぎるとほっとして自分の仕事に向かう。こんな調子で一日を過ごしました。

帰りのホームルームが終わってしばらくたってから、B子さんが相談室に戻ってきました。

「どうだった?」と聞くと、「緊張して、もう、とっても疲れてしまった」と言います。しかし、一日を終えてホッとしたという顔です。今日を乗り切ったことで、不安はあるけれど、明日からもなんとかやっていけそうだと言います。

そこで、「とにかく、今日という一日、学校に来て、教室に入って、友だちと一緒に行事をやり遂げたということを、最大限の褒め言葉で褒めなよ。とってもとっても、すごいことだから。よくやったぞ、B子って、自分をしっかりと褒めるんだよ」と話しました。

疲れたと言ってぐったりと椅子に体を預けたB子さんですが、表情には安堵が表れていました。「明日は授業だけど、今日の調子なら明日も大丈夫そうだね。明日もまた、相談室に来てから教室へ行ってもいいし、直接教室に行ってもいいから、B子さんの都合のいいようにすればいいよ。とにかく今日は、家に帰ったら、思いっきり自分を褒めるんだよ。明日のことは明日の様子でいいから、まず、今日の自分を思いっきり褒めなよ！」

そう言ってB子さんを帰しました。

授業へそして卒業へ

翌朝、B子さんは、生徒が登校する少し前に相談室に来ました。昨日登校できたことが少し自信になったのでしょう、ずいぶん落ちついた表情でした。

そこで、昨日と同じように、「はい、パワァー！」と言ってしっかり握手して、教室へ送り出しました。昨日と同じように、放課後、相談室に来て、「疲れたけど、授業もなんとか大丈夫だった」と昨日に比べて明るい表情で帰りました。

こうして、一週間、休むことなくＢ子さんは登校し、授業に出て、放課後相談室に寄って、帰宅していきました。日を追うにつれて、「疲れた」の声がなくなり、変わって、落ちついた表情と、笑顔が出るようになりました。

第二週目からは、一週間に一日、放課後に相談室で面接をやることにしました。

「心配した休み時間とお昼休みの時間、そして教室を移動するときの時間なども、友だちがあれこれと話しかけてくれるので、思っていたほど気を使わなくてもすむ」と言いますが、放課後の面接ではさすがに、「でも、疲れる」とぼやくことがしばしばありました。

それでもＢ子さんは、毎週一回の面接を繰り返しながら、二学期は全ての授業に休むことなく出席しました。

三学期も毎週一回の面接を繰り返しましたが、欠席もなく無事卒業することができました。

心を支える人は「お母さん」

（面接を振り返って）

７月、Ｂ子さんが学校へ行くことを考えるようになったとき、Ｂ子さんに聞いてみたことがあります。

「底なし沼に落ちてしまったって言ったけど、今はどう、少しは浮かんできた？」

「はい、先生につかまえてもらっていたおかげで、沈まずにすんでいます」

「そう……、ところで、底なし沼なんだけど、もしだよ、もし、底なし沼に底ができたとしたら、底には誰にいてほしい？」

「……」

B子さんはしばらく考えてから、ポツンと小さな声で「お母さん」と言いました。

7月の、この段階では、B子さんはまだお母さんに対する憎しみがあって、お母さんの話になると、怒りをあらわにしました。したがって、底なし沼の底には、ずっと家庭訪問を続けていて沼の中に一緒に飛び込んでB子さんを抱きとめている私に、いてほしいと言うに違いないと思ったのです。しかし違いました。あれほど憎しみを口にし、怒りをあらわにしている「お母さん」なのです。ここに、不登校などを解決する手掛かりが潜んでいるのではないかと思いました。

子どもは小さな時ほど強く親に頼り、すがります。親に見捨てられたら生きていけないという不安を抱えています。不安が強いと親子げんかもできません。親の顔色を窺い、親の考えや価値観に自分を合わせて生きようとさえします。

しかし、思春期になると、大人に向かって脱皮する時期にさしかかりますから、自分の頭で考え、自分の足で行動していかなくてはと思うようになります。周りの友だちもみなそのようにして生きているのですから、自分もと思うのです。

ところが、そこに至るまで、物事の判断を自分でしてこなかったり、友だちと十分遊んでこなかったりした場合、自分に対する自信が持てなくなってしまいます。その結果、周りの友だちとうまく関わることもできず、自己表現もうまくできず、自分はダメな奴ではないのかと自己否定感を持ってしまうのです。

こうして、自己否定感や自信のなさから自分自身を強く責めるのですが、一方で、思春期特有のプライドやメンツにこだわりたい思いもありますから、心の中が屈折したモヤモヤ状態になってしまいます。自分でもどうして学校へ行けないのか、どうしてこうなってしまったのか、まったくわからない状態に陥ってしまいます。納得できそうな答えを懸命に探すのですが、答えは見つかりません。したがって、いっそう、わけのわからない状態に落ち込んでしまい、どうしていいのかわからず、一歩を踏み出す力さえなくなってしまうのです。

どうにもならなくなったとき、つまり底なし沼に落ちてしまったとき、もがけばもがくほど沈んでいきます。かといって、もがかないと、これまた沈んでいってしまいます。その、自分でも自分をどうすることもできなくなったとき、自分を支える根底にあるのが、自分を産んで育ててくれた「お母さん」、自分の命の源である「お母さん」なのだろうと思います。だから、カウンセラーは、沼に飛び込んで抱きとめながら浮き上がる方法を一緒に模索してくれる存在ではあっても、沼の底になる人ではないということなのでしょう。だから、「お母さん」に対する願いや期待が大きい分だけ、現実の「お母さん」がその期待に応えてくれないと思ったとき、期待が逆転して恨みや憎しみに変わるのでしょう。

Ｂ子さんが、「お母さん」に対する激しい恨みや憎しみを表現したとき、私が「親に対して、それほど激しい憎しみを持つということは、それほど仲良くなりたいという思いの裏返しだよね」と言うと、しばらく黙ってから、頷きました。

さらに、「これほど激しい憎しみを持つということは、激しいエネルギーがＢ子さんの心の中に潜んでいるということだよね。だから、エネルギーがあるということは、ここから抜け出す力もあるということだよね」と話すと、しばらく黙ってから、こくんと頷きました。

実は、その「激しいエネルギー！」は、「お母さんに自分のすべてを受けとめてほしい、わかってほしい」という思いから生まれ出たものだと思います。そのような形で、「お母さん」を求めつづけていたということなのだと思います。

子どもが大人に成長するということは、人間の姿や事柄を表層だけ見て判断するのでなく、その裏面までをありのままに見つめる力を手に入れることでもあります。「お母さん」に対しても、自分を丸ごとすべて受け入れてくれる絶対者的な存在、命の源としてとらえていた時代から、良いところもダメなところも合わせ持つ一個の人間として、自分と同じように悩み苦しみもがく一人の人間として、見つめ、受けとめることができる時代へと、変わっていきます。この認識の変化を手に入れると、「お母さん」に対して、恨んだり憎しみを抱いたりする思いは消えていきます。それは、自分自身をありのままに受けとめ、ありのままの自分を肯定するところと表裏一体なのです。

B子さんが言った「底なし沼の底には、お母さんにいてほしい」という言葉には、このような思いが潜んでいたのではないかと思います。

不登校相談のゴール

B子さんが二学期になって登校できるようになった段階で、不登校の回復という面接目的は達成されました。しかも、二学期以降ずっと登校しつづけて卒業できたのですから、家庭訪問による面接としては成功ということになると思います。しかし、B子さんは「自分の中にダメな部分があっていいから、自分のダメな部分と良い部分とをありのままに受け入れる」というところまではたどり着けませんでした。さらに、「お母さん」に対する捉え方も、大きな変化が見られたというわけではありません。その点では、前章「情緒不安からの脱出」に記したA子さんの心の奥の変化に比べたら、不十分だったように思います。不登校の子どもへの対応で最も難しいのがこの点なのだと思います。

私の今まで関わらせていただいた不登校の子どもたちは、ほとんどすべて、どうしてそうなったのか原因はわかりませんでした。そして、どうして再び学校へ行けるようになるのか、その理由もわかりません。「思春期トンネル」の闇の中のできごとなのです。したがって、不登校の子どもの相談では、目的・ゴールは、「登校できるようになること」に置かれます。一方で、不登校がどうして起こるのか原因を特定することができないということは、視点を変えれば、不登校という形を取ることによって、子どもが何らかの自己再生を図ろうとしているのではないかと考えることもできます。

思春期の自己再構築

B子さんの例で言うと、親への憎しみや反発があって、友だちへの関わりがうまくできない自分がいて、プライドやメンツを重んじる自分が学校に行けない自分を認められなくなっているという心の動きが、根底に潜んでいました。こうした心の動きがどうして生じてきたのか、その原因はつかめません。しかし、これらの要素が「学校のことを考えると足がすくむ」という心の状態を生み出す大きな要因となっていたことは確かです。

「良いところやイヤなところを含めて、お母さんのありのままの姿を一人の人間の姿として受けとめる」力は、自分自身のありのままを肯定して受けとめる力に結びつきます。自分をありのままに受けとめることができると、友だちに対したときの抵抗感や恐怖も薄らいでいきます。だから、「底なし沼の底」であってほしい「お母さん」に対する見方の変化が、友だちに相対したときの対応力を培うことにつながっていくのです。

このように考えると、不登校という現象を、子どもが、自分の心の中をとらえ直し再生再構築していくためのきっかけと捉えることができます。とりわけ、思春期は、「第二の誕生」ともいわれる時期ですから、自分自身を子どもから大人へと大きく変化させる時でもあり、再構築の時だとも言えるのです。

ところが、「不登校」が登校できるようになることで、問題がすべて解決してしまったような気持ちになって、カウンセリングを終わってしまうことが多々あります。というより、不登校のカウンセリングの大半が「登校できるようになった」段階で解決だと考えてしまうのです。その結果、不登校を起こした心の中心に深く入り込んで再構築することを十分成し遂げないまま「解決」した気になってしまいます。「不登校」が再び繰り返される場合の多くが、こうした不十分さを持ちながらも、「登校できるようになったから解決した」という思いによって、面接を終了してしまうためではないかと思います。

このように考えると、「心の問題」に深く関わる形で「登校できるようになる」のがベストだと思いますが、そうでない場合、登校後にも注意を払うことが必要だと思います。

一方、カウンセリングを、問題行動や症状の解決を図るものだと考えると、症状が消え行動が変容した段階で終了と捉えることもできます。やがて再び症状や問題行動が生じたらそのときに再び対応すればよいと考えるのです。その時の症状が以前と同じものであったとしても、内面的には違いが起きているのだから、行動も以前とは異なるものであるし、そのようにして人は問題を克服しながら自己を成長させていくものだと考えるわけです。

不登校の解決とは

私は、高等学校で教員として授業やホームルームを受け持ちながらカウンセリングを行ってきたので、生徒が思春期の再構築を行う期間ずっと関わりつづけることができるという利点がありました。だから、生徒が自分の問題をきっかけにして、心の奥に目を向け変化していくことに寄り添って歩くことが可能だったと思うのです。だから、A子さんの例のような、心の内面に目を向けて自己変容を図るという行為に寄り添うことができたのだと思います。しかし、B子さんの場合は、「登校する」ことに焦点を当てていたため、そこまで深く内面を見つめるカウンセリングを継続することができませんでした。

B子さんは、高校を卒業して大学にも合格することができました。

「不登校から登校へ」というカウンセリング当初の目的は達成できましたが、「お母さん」への思いの変化や、自分をありのままに捉えることを通しての自己変容という点では、不十分だったと思います。

B子さんとの面接を通して、家庭訪問を繰り返す形で登校にこぎつけることができるという、不登校への対応の一方法を教えてもらいました。同時に、「不登校」の人が「母親」をどのように求めていくのか、心の内面と「不登校」という現象とがどのように結びついているのか、こういった数々の点についての貴重な教えをいただきました。

一方、このような家庭訪問という形で生徒に関わり、登校にこぎつけるという指導は、カウンセリングの専門的知識がなくても、生徒の心に寄り添おうとする心を教師が持ちつづけるかぎり、誰にでもできることではないかと思います。

カウンセラーはクライエントによって教えられ育てられるといいますが、数多くの宝物をB子さんからいただいたように思います。

第3章　カウンセリング実践記録　―考え方の変容を促す面接―
自己否定感の克服　（高校二年生C君）

「勉強をやろうとすると息が苦しくなる」

第1回目面接（平成○年9月）

夏休みが終わって十日ほどたった頃、高校二年生のC君が相談に来ました。

今にも消え入りそうな小さな声で、ポツポツと心の中を言葉にしていきました。

「勉強をやろうとして机に向かうと、息苦しくなってきて椅子に座っていられなくなる。学校には何とか行っているが、欠席も多い。朝起きるのがつらい。学校へ行こうとすると、お腹が痛くなったり頭が痛くなったりする。遅刻して行く時が多い。本当に痛くなる。仮病ではない。どうしたら、机に向かっても息苦しくならなくなるのか」

そこで次のように聞いてみました。

「勉強をやろうとして机に向かうと、息苦しくなってきて椅子に座っていられなくなるっていうことだけど、机に向かうときはいつもそうなの？」

「いいえ、いつもっていうわけではないですけど、苦しくなることの方が多いです」

「苦しくなるようになったのは、いつ頃から？」

「二年生になってから」

「そう……、それでは、二年生になってからは、ずっと、ほとんど、勉強が手につかなかったんだね」

「はい、まったくと言っていいくらい、勉強はできませんでした」

「テストの時なんかも？」

「はい、テストの時は少しはやれたのですが、でも、ほとんどやれなかったようなものです」

「では、まったくゼロっていうわけではないんだね」

「はい……、でも、ほとんどゼロだって言ってもいいくらいです」

「どのくらいの時間やれたの？」

「テスト前でも一時間がせいいっぱい……」

「そう、でも、一時間はやれたんだよね」

「テスト前の一時間では、ほとんどゼロと言ってもいいくらいです」

「いや、ゼロと少しはやれたとでは、天地ほど違うんだよ！」

「そうですか……」

「その少しでもやれたときって、どういうとき？」

「どういうって……」

「やれなかったときと比べて、何が違うと思う？」

「違いですか……」

「うん」

「違うとしたら、テスト前で少しは勉強しなければって思ったことかな……」

「そのときのことを思い出してみてよ。テスト勉強をしなくてはならないって思って、教科書を開いたんでしょう？」

「はい」

「そのときの気持ちはどうだった？」

「イヤだなあって思いながら、でも、数学や英語はやっていかないとまったく点を取れないんで、しかたないから、やるかって……」

「それで、一時間くらいは、やることができた？」

「はい、でも、すぐに、いやになっちゃって」

「いやになったのはどうして？」

「どうしてって？」

「たとえば、やってみてもよくわからないからとか、頭ががんがん痛くなってきたとか」

「たぶん、わからないから、かな……」

「そう、じゃあ、やってみて、問題が解けていって、よくわかってきたら、続けられる？」

「うーん、わかりません、そうかもしれませんけど……」

「ところで、C君の好きな教科はなに？」

「とくにはないんですが……、あえていえば、世界史かな？」

「そう！　たとえばだよ、世界史の本だとか教科書だとかを読むっていうのならできそう？」

「わからない……、でも、読むだけなら、できるかもしれない」

「そうか、それではね、今授業でやっているところ、えーと、どの時代をやっているの？」

「中世のヨーロッパです」

「それではね、世界の歴史シリーズ全何巻とかいうのが図書館にはあるだろうから、その中の、中世のヨーロッパについて書かれたものを借りてきて、今授業でやっているところを読んでみてごらん」

「……」

「これは、できそう？」

「はい、なんとか」

「些細なことでいいから、できることをまず一つやってみよう。ところで、今、C君は、勉強をやろうとすると息苦しくなるっていうんだっけね。だから、苦しくならずに勉強をやれるようになりたいっていうことだったよね」

「はい」

「C君は、勉強をやろうとして机に向かうと息苦しくなる。けれど、テスト前には少しはやることができた」

「はい、でも、ほとんど、できなかった」

「でも、一時間くらいはできた」

「はい」

「ゼロではなかった、やらなければならないって思って、少しはやることができた」

「はあ。でも、テストでなくて、普通の時は、ゼロ」

「うん、まずね、テストの時はゼロではなかったっていうことを自分で心の中に刻み込んでおいてよ。そのうえで、机に向かって息苦しくならずにすむ時を作ってみるために、世界史の本を借りてきて少し読んでみる……」

「はあ」

病名の持つ暗示力

このような調子で面接を行いました。面接の中で次の点が明らかになりました。

Ｃ君の家庭は、会社員の父親と、パートで働きに出ている母親と、五歳年上のお姉さんと二歳年上のお姉さん（二人とも大学生）の五人家族です。

高校二年生になってから不調が続いたので、精神科の医者に診てもらったら、統合失調症だといわれて薬を何種類も出された。

統合失調症という病名を調べたら、治ることのない病だとか、治る可能性の少ない病だとか書かれているので、自分はこれで廃人みたくなってしまうのかと思ったら、よけいに気力がなくなってしまった。学校にも行く気がしなくなってきて、もうどうでもいいと思えてきた。しかし、学校を卒業したいという気持ちもある。

そこで、統合失調症についてくわしく説明し、「不治の病」ではないことを強調しました。

この数年、医者から統合失調症と言われて絶望してしまったという親子が何人も相談に来たこと。その当人の様子を見てとても統合失調症とは思えないので、別の医者にも診てもらうよう勧め、医者を替えてカウンセリングと投薬による治療を受けてまったく治って、日常生活を普通に送っている若い人たちが何人もいること。統合失調症という名前でひとくくりにされてしまうものの実態は、重いものから、普通の状態よりちょっと病的な状態に入った程度のものまで様々なのに、名前に驚いて、自分は最も重い方の、もう治ることのない統合失調症になってしまったのだと思ってしまいやすいこと。さらに、最近では薬がどんどん新しくなってきて、よく効く薬が開発されてきていること。

これらについて話をすると、C君はパッと目を輝かして、「先生、本当に治りますか？」と聞いてきました。「今のC君の話を聴いているかぎり、大丈夫！」と言うと、少し安心した顔に変わって、面接を定期的にやってもらえないかと言います。そこで、月二回程度の面接を続けることにしました。

夜寝る前にその日の自分を三つ褒める

終わりがけに、自分が一番望む状態を10段階の10点だとすると、今何点くらいか聞いてみました。すると、3点くらいだと言います。そこで、3点を4点にするには、何をやったらいいのか聞いてみました。しばらく考えて、「世界史の本を借りてきて読むことかな」と言いました。そこで、次回の面接までに、世界史の本を借りてきて少しでもいいから読んでみること、そして、夜寝る前にその日の自分を振り返って三つ自分を褒めること、これを実行してほしいと課題を出して、面接を終了しました。

ブリーフセラピー

（コメント）

C君が「勉強をやろうとして机に向かうと、息苦しくなってきて椅子に座っていられなくなる」と言うのに対して、私は「机に向かうときはいつもそうなの？」と聞いています。C君が「いいえ、いつもっていうわけではないですけど、苦しくなることの方が多いです」と言うので、私は「いつもっていうわけではない」にこだわっていきました。そして、C君が「テストの時は少しはやれたのですが、でも、ほとんどやれなかったようなものです」と言うので「では、まったくゼロっていうわけではないんだね」とゼロではないことを強調しました。さらに、「その少しでもやれたときって、どういうとき？」と言って、どういう状態だったのかを聞いていきました。「やれなかったときと比べて、何が違うと思う？」と言って、やれたときのことを具体的に聞き出そうとしました。

これは、ブリーフセラピーというカウンセリングの面接技法の「例外探し」という方法です。

自分に自信を失って苦しみもがいている人は、自分のやることなすことすべてを否定的にとらえてしまいます。否定的に自分をとらえているかぎり、なかなか前へ進んでいけません。前へ進むには自分を肯定的に受けとめることが必要です。したがって、否定的にとらえてしまう自分の行動の中に例外を探して、例外を具体的にイメージすることによって、否定ではない自分、つまり肯定的な自分の姿を具体的にイメージさせるのです。これが、前進への力を生み出すのです。

面接の中で、この「例外探し」はよく使います。

次に、「自分が一番望む状態を10段階の10点だとすると、今何点くらいか」と聞きました。これも、ブリーフセラピーではよく使う方法です。自分の現状を点数で表し、一点上げるためにどうしたらいいか具体的に聞きます。この場合、一点ずつ上げるように考え、内容も身近でできるだけ小さなこと、実現可能なことを言ってもらいます。自己否定感を強く持っている子どもたちに対しては、小さなことでいいから一つ一つ実際に行動し、達成感を味わってもらうことが重要だと考えます。小さなことでも一つ二つと実現させていくことによって自信がついていきます。これが自己肯定感へのステップになっていきます。

さらに、「夜寝る前にその日の自分を振り返って三つ自分を褒めること」を要求しました。これも自己肯定感を手に入れるために必要なことだと考えるからです。自分を褒めるということは、なかなかできません。不登校で学校に行けない状態にある子どもはなおさら、自分を全否定して考えてしまいがちで、自分で自分を褒めるということはほとんどありません。自分が褒められることや自分を褒めることは、自分の中にエネルギーを貯めていくために不可欠です。自分の中にエネルギーが貯まってくると、動き出そうとする力が生まれます。様々な場面で不適応を起こしている子どもたちが、重い一歩を踏み出していくために必要なものがエネルギーです。その源にあるのが、自己肯定感だと思います。自分を褒めることはその土台に当たるものだと思います。

「ぼくは目立ってはいけないんです」

第2回目面接（二週間後・9月）

約束の時間にC君は現れました。曇った感じでこわばった表情でした。

「前回の自分の状況は3だということだったけど、今回はどう？」

「3のままです……」

「そう、たしか、世界史の本を借りてきて読むっていうことだったけど、どうだった？」

「全然ダメでした」

「そう、借りてくることができなかった？」

「いいえ、借りることは借りたんですが、全然読めなかったんです」

「えっ、借りることはしたんだ？」

「ええ、まあ……」

「それじゃあ、3じゃないよ」

「でも、読めなかったんだから……」

「いいや、借りに行ったんだから、3・5、くらいかな？」

「どうしてですか？」

「だって、借りに行ったということは、自分の体を動かして行動したっていうことだから、大いに褒めてやらなくては」

「そうですか……」

「うん、今C君にとって大事なことは、自分の中にエネルギーを貯めることだったたっけね」

「はい」

「そのためには、自分を褒めようって言ったたっけね」

「はい」

「自分を褒めることで、自分の心の奥にエネルギーを貯めるようにしようって」

「はい……、先生、エネルギーが貯まると、少しは変われるんですか？」

「うん、エネルギーを貯めることで、自分自身に対する肯定感が生まれてくるんだよ」

「肯定感？」

「うん。いいときもあるし、ダメなときもあるし、そういう、いいところやダメなところや、両方を持っているのが人間っていうものなんだって理解できると、自分をありのままに受け入れられると思うんだよ」

「先生、ぼくは、自分を受け入れるっていうことができないんです」

「受け入れることができない？」

「はい、自分はダメな人間だって思ってしまうんです」

「どうして、ダメな人間だって思ってしまうの？」

「学校だって休みがちだし、勉強だって手につかないし、成績だってよくないし……、自分にはいいところなんてなんにもないんです……」

「人はみな、どんな人でも、必ずいいところを持っているんだよ」

「でも、ぼくには、ないんです……、それに、ぼくは、人と違う特徴があってはいけないんです」

「えっ、人と違う特徴があってはいけない？」

「はい、目立ってはいけないんです」

「目立ってはいけない？」

「はい……」

「どうして？」

「……」

長い沈黙が続きました。

やがて、涙ぐみながら、Ｃ君は、口を開きました。

C君が話してくれた内容は次のようなものでした。

いじめられて身についてしまった自己否定感

・自分は、小学校、中学校と、クラスの中でいじめを受けてきた。

・小学校の頃は、数人の友達にいじめられ、のけ者にされ、苦しんだ。しかし、言い返すこともなく、ずっと我慢して、登校しつづけた。

・中学校でもいじめにあった。二人の首謀者がいて、この二人が数人を巻き込んで、持ち物を隠したり、口汚く罵ったりしてきた。

・小学校の時と同じように、いじめられても我慢して登校した。

・先生には言っても解決してくれないと思い、言わなかった。

・友達から「性格が悪いから注意されても仕方ないのだ」と言われて、だんだん「自分は性格が悪いからいじめられるんだ」と思うようになった。

・ある時、テストで高い点を取ったら、クラスの中で「あいつはカンニングをしているからいい点を取ったんだ」と言われた。さすがに「それは違う、カンニングなんかしていない」と言ったけど、「ウソをついているんだ」とか「お前は性格が悪いから疑われるんだ」とか言われて、よけいに責められた。

・だから、勉強ができなくてもダメ、できなくてもダメ、目立ってはダメだと考えるようになった。
・目立たないように、目立たないようにと考えていくと、周りの人のことばかり気になってしまって、自分の考えがどんどんなくなってしまう。
・高校に入ったら、中学でいじめをしてきた人とは別々の学校になったが、「目立ってはいけない」「自分は性格が悪い人間だ」の考えがしみついていて、何をやるにも行動をためらうようになってしまった。
・それにつれてストレスがたまり、ぶつけるところは家の中しかないので、母親に向かって悪態をついたり、殴ったり蹴ったり、物にあたりちらして壊したりした。
・しかし、そうすればするほど自己嫌悪が強くわき起こり、ますます自分はダメな人間だ、こんな人間なんて生きていても仕方ないと思うようになった。
・だから、学校へも行けなくて部屋にこもったりしたときに、こんな自分なんていない方がいいって思って、手首を切ったりした。
・最近では、自分そのものを消してしまいたいと本当に思うようになってしまった。

いじめる心のカラクリ

前回の面接の時とはまったく違う内容にびっくりしてしまいました。

「つらかったんだね……、そういう状況でよく耐えてきたね……、つらかったろうね……」

私は、そう言うのがやっとでした。

また、しばらく、沈黙が続いてから、C君は突然激しい口調で語りかけてきました。

「先生、中学の時にいじめてきた奴らに、復讐をしちゃあいけない？」

「復讐？」

「はい、あいつらをぶっ殺してやりたい。おれをこんな目に遭わせた奴らをぶっ殺して、それで自分も死んじまえばいい」

「そりゃあいかんよ、いくらなんでも」

「でも、悔しい。ぶっ殺しても気が治まらないくらい、憎らしい、あいつら……」

「高校生になってから、その人たちに会ったことある？」

「うーん、ほとんど、ないかな……」

「そう……、その人たちが今どうなっているのか知らないけれど、いじめはね、いじめられる人にはまったく問題も責任もないんだよ」

「えっ、いじめられるのは、こちらに問題があったり、弱かったりするからじゃないんですか？」

「ちがうちがう！　いじめは、いじめる側の心の弱さから起こるんだよ」

そう言って、いじめの心のカラクリを説明しました。

「たとえばね、今ここにコップがあるとするよ。そのコップに水がいっぱい入っていたら、さらに水を入れようとしてもこぼれて入らないでしょう。この、コップを心だと考えて、水を愛だと考えてごらん。心に愛がいっぱいある人は、外から気にくわない奴がちょっかいだしてきたり、自分よりできる奴がテストでいい点を取ったりしても、気にならなくてすむんだよ。ところが、心に愛が半分も入っていない人は、友だちのちょっとした言葉や行動が気に障って怒り出してしまうんだよ。わかるでしょう、この心のカラクリ。だから、いじめる人は、自分の心に愛が十分入っていなくって、心がすさんでいて、自分の心を自分でコントロールできない弱い人なんだよ。いじめる人こそ、実は心の弱い人なんだよ」

「でも、いじめられると、自分にも悪いところがあるからだって思ってしまう……」

「そりゃあね、ダメなところのない人なんて、この世に一人もいない。誰もがみんな、良いところとダメなところを持って生きている。それが、人間の姿なんだよ。だから、私はダメなところはありませんって言って偉そうにしている人も、本当に謙虚で慎み深い人も、どんな人もすべて、例外なしに、ダメな部分を持って生きているんだよ」

「……」

「だからね、お前には悪いところがあるっていうのなら、ちゃんと、口で言ってやればいいんだし、それを、面白半分にからかうっていうのは、いじめる人の心が歪んでいるからだよ。からかわずにはいられないほど、自分の心のモヤモヤを自分でコントロールすることができないでいるんだよ。自分で心をコントロールすることができないくらいに心が弱い人なんだよ。自分の心に愛が欠けている人なんだよ」

「でも、先生、いじめられる側にも問題があるって、よく言われるんじゃないですか」

「うん、あれは間違い。はっきり言って、いじめの心のカラクリを知らない人が、勝手に言っているだけ」

「でも、よく見ると、いじめられる人って、協調性がなかったり、どこか変わっていたり、なにか問題がある人が多いように思うけど……」

「そういう人がいることは事実だけど、そういう人をどうしていじめる必要があるの？」

「どうしてって……」

「例えば協調性がなかったら、クラスの中で行動するときに、協力しろよって、はっきり言ってやればいいでしょう。そうやって、お互いに言い合うことで、仲間意識も作られていくんじゃないのかな」

「言い合うと、けんかになる……」

「けんかといじめとは違う。けんかはやればいい。友だち同士でいっぱいけんかすればいい。けんかして、でも、やがて仲直りしていく。これを繰り返すことで、友だちができていくんだし、いっそう親しくなっていくんじゃないのかなあ」

「でも、けんかすると、仲がこわれてしまいそうで、けんかできない」

「そう、今の子どもたちの一つの特徴は、けんかできないことだと思う。相手に対して優しくて思いやりがあるからけんかしないのではなくて、けんかして気まずくなると友だち関係がこわれてしまうんじゃないかって思って、それで、言いたいことも言えずにがまんしてしまう。だから、よそから見ると仲がよさそうに見えて、実は薄いガラスケースの中に入っているみたいで、ほんのちょっとしたことでパリンとこわれてしまう。そんな関係でつながっている友だち関係がけっこう多いように思うんだ」

「先生、そう、本当に。だから、いつも相手の顔色を見て、びくびくしているっていうか、自分がどう思われているのかがすごく気になる……」

「だから、お互いにストレスがたまっていて、力が強い人とか、自己主張が強い人なんかがいじめをやると、周りの人も止められないんだ」

「そうすると、いじめられるのは、自分が悪いからではないんですね」

「そうだ、自分が悪いからではない。いじめる側に問題があるんだ」

（コメント）

この日の面接は思わぬ方向へ進んでいきました。C君がいじめを受けてきたために強い自己否定感を持っていて、自分はダメな人間だと考え、こんな自分なんていない方がいいと、リストカットまでしていたということを話してくれました。さらに、かつて自分をいじめた奴に復讐したいと怒りを露わにしました。強い自己否定感の裏に強い怒りがあったのです。激しい怒りがあるということは、それだけのエネルギーを持っているということでもあるので、そこに注目して面接を組み立てたいと考えましたが、まず、いじめにおける自己否定感はぬぐい去っておきたいと、いじめの心のカラクリを力説してしまいました。カウンセリングというより、説得といった感じになってしまいました。話を聞いてすぐに納得できるというようなものではありませんが、いじめられる側に問題はないということをはっきり認識させることが、C君が自分を肯定的に再構築していくうえで不可欠だろうと思い、踏み込んで話してみました。

「そういうふうに考えることもできるんだ」といった感想を持って、C君は帰りました。次回は、3・5を4点にするには何をしたらいいかを考えて行動に移す、ということで面接を終わりました。

自分を褒める、許す

第３回面接（二週間後・10月）

相談室に入るなり、C君は、この間、一週間、学校を休んだとつらそうに言いました。

家で勉強しようとすると、イライラしてきて、何かに八つ当たりしたくなる。仕方なく、テレビを見たり、漫画を読んだりするけれど、気持ちが治まらず、ベッドにひっくり返ってしまう。昼と夜とが逆転してしまい、朝は眠くて起きていられず、結局学校を休んでしまった。そんな日が続いて、机に向かっていたら、イライラが爆発して、鉛筆をパッキンと折ってしまったと。

毎日三つ褒めるようにということはどうだったかを尋ねると、こんな状態だから褒めるようなことは何もなかったと言います。

「昨日なんて、一日家でダラダラしていたし、机に向かっていてイライラして鉛筆を折ってしまったし、結局本も読まなかったし、０点だった……」

「そう……、でも、机には向かったんでしょう」

「はい、まあ」

「勉強に向かおうとしたことは褒めていいんじゃないのかなあ」

「でも、何にもやらなかったんだし……、それに、鉛筆を折ってしまったし……」

「仮に鉛筆を折らなかったら、イライラはどうした？」

「その時は、母親に何か言われたときだったから、母親に八つ当たりしたと思う」

「お母さんに八つ当たりって、どういうことをするの？」

「いつもなら、叩いたり、けっとばしたりする……」

「そう……、それじゃあ、鉛筆を折ることによって、お母さんを叩いたりけったりしなくてすんだんじゃない」

「はい、まあ」

「それなら、鉛筆を折ったことは、褒めるべきことじゃないのかなあ」

「えっ、褒めること？」

「うん、折らずに、お母さんを傷つけたとしたら、どう？」

「……」

「お母さんもつらい思いをするし、C君も、そのことでよけいに自分を責めるでしょう」

「はあ、たぶん……」

「だったら、鉛筆を折ることで、よく、お母さんを傷つけずにすんだって、自分を褒めなくては」

「先生、そんなことして褒めていったら、自分を甘やかして、自己中心になりませんか」

「いいや、ちがうね。自己中心になる人は、本当には自分を愛せないとか、不安をいっぱい抱えていたりするからそうなってしまうんだよ。前回、コップと水を、心と愛にたとえたでしょう」

「はい」

「心に愛が満ちていれば、自己中心になる必要はないんだよ」

「そこんところがよくわからない」

「自分の心が満たされていれば、他人に対しても余裕を持って接することができるでしょう。だから、ことさら自己中心にならなくてもいいし、他人からなんか言われてもそんなに腹を立てずにすむんじゃないのかな」

「だから、褒めろって言うんですか」

「うん、褒めるっていうのは、自分のいいところを探して、その自分を自覚することなんだよ。そのいいところっていうのは、人によってみな違うわけだし、だから、人と違う自分を認めるっていうことなんだよ」

「人と違うですか？」

「うん、とかく、人と同じように同じようにって考えるから、周りが気になるんだし、周りに合わせよう合わせようって思って、苦しくなるんだよ。自分のいいところとダメなところと、両方合わせてこれが自分だって認めることは、自分を他の人と違う存在として認めることなんだよ。自分を、個性ある一個の存在として捉えるっていうことは、他の人をも、同じように個性ある人間だとして認めるっていうことなんだ。だから、けっして自己中心にはならないんだよ」

「褒めすぎて傲慢になったりしませんか？」

「今まで、夜寝るときにその日の自分を振り返って三つ褒めなさいって言ったけど、三つ許しなさいっていうことを付け加えよう」

「三つ許すですか？」

「うん、ぼくはお母さん方に講演するときは、最後に必ず、寝るときに、その日の自分を振り返って三つ許して三つ褒めてくださいって言っているんだよ。C君に対しては、褒めることは言ったけど、許すことは言ってなかったね」

「はい」

「褒めると同時に、三つ自分を許す。そうすると、傲慢にならずにすむ……」

「自分を許すことでどうして傲慢にならずにすむのですか？」

「自分を本当に許すことができると、心に愛が入ってきて、相手をも許すことができるようになる」

「相手を許せるようになるから傲慢にならずにすむんですね」

「そう。同じように、自分を褒めるから、相手を褒めることができるようになる」

「そうですか……。でも、なかなか、できそうにないです」

「うん、だから、毎日、三つ褒めるところを探し出して、褒めなさいって」

「自分を褒めるなんて考えたこともなかったけど、自分を許すなんてことはもっと考えたことがなかった……」

「でも、今のＣ君には、絶対に必要なことだと思う」

「はい、自分はダメだダメだって思っていたから……」

「うん、だから、鉛筆を折ったことも、勉強しようとして机に向かったということも、褒めるべきことと考えていいんじゃないのかなあ」

「そう考えていくと、ゼロではないっていうことですね」

「そう、けっしてゼロではない」

「そう言われてみて、そうかなって少しは思うけど、でも、イライラして鉛筆を折っちゃうっていう人なんていないだろうから……」

「そりゃあ、わからんよ」

「そんな人、いるんですか？」

「ぼくが面接した人の中には、いたよ、そういう人」

「ほんとですか？」

「うん、いたよ」

「そうですか……。でも、みんな、そんな顔していない、学校じゃあ、みんなしっかりしている」

「そうだね、学校では、みんな仮面をかぶっているからね」

「えっ、仮面ですか？」

「うん、人はね、自分の家から外へ出るときに、それぞれに応じた仮面をかぶるんだよ」

「ほんとうですか？」

「そうだよ、仮面をかぶらずに裸のままだと、トラブルだらけになってしまうんだ。だから、多かれ少なかれ、仮面をかぶるんだよ」

「先生もそうですか？」

「うん、そうだよ。第一、先生っていうだけで、先生とはこのようにあるべきだっていう仮面をかぶっているわけでしょう。先生たるものは、こういうことはしてはいけないとか、こういうようにしなくてはいけないとか。程度の差はあるにしても、何らかの仮面をかぶるものだよ」

「そうですか」

「仮面をかぶるっていうと、何だか、自分の本当の気持ちを隠しているように思うかもしれないけど、仮面によって、人は安心して人の中に入り込んでいけるんだよ。たとえば、明るく行動的でみんなを笑わせる人は、みんなの前では常にそういうような顔をしているわけでしょう。でも、その人だって、静かに物思いにふけるときやしょんぼりしているときだってあるわけだし、怒り狂って八つ当たりしたくなるときだってあるわけだし。でも、それを抑えて人と関わっているんだよね。仮面があるから、人間関係がスムーズにいくんだよ」

「そうですか、仮面っていうと、なんだか、悪いことのように思ってしまう」

「ああ、仮面っていう言葉がよくないのかもしれないね。ユングっていう心理学者が昔いたんだけど、彼が、人が社会に適応するための態度として身につけていたり、人間関係をなめらかにしたり、社会がうまく回っていくために必要な対応するときの態度を、ペルソナって言ったんだけど、それを仮面って訳しているんだよ。そのペルソナなしで人と接すると、人を傷つけたり自分が傷ついたりしてしまうんだよ。一方で、そのペルソナを自分自身だと思いこんでしまうと、役割だけの人間っていうのか、肩書きだけの人間っていうのか、自分の外見的な部分だけを見てこれが自分だって錯覚してしまって、自分を見失ってしまうんだよ」

「むずかしそうですね」

「うん、だから、自分の仮面を仮面としてしっかり意識していればいいんだけど」

「そうすると、ぼくの場合は」

「うん、家の中で、鉛筆を折ったりしても何にも問題じゃないし、学校に行くと家とは違う顔をするのも何にも問題じゃない。それでいいんだよ」

「仮面をかぶって学校に行ってもいいっていうことなんですね」

「うん、もちろんだし、家の中とは違う顔をして、それで当然だっていうことなんだよ」

「そうですか……、ぼくは、いじめられてから、目立ってはいけない目立ってはいけないとばかり思って、どんどん自分がダメになっていくように思えて、そのうちに、どういう顔をして行けばいいのかもわからなくなってしまって……、うそをついた自分がいるだけのように思えてきて……」

「ああ、だから、どんどん、自分を否定してしまって」

「はい、そうです、だから、ありのままの自分を認めるって言われても、家の中で鉛筆を折ったりぐずぐずしている自分と、むりにでも学校へ行って教室にいるときの自分と、どっちを自分だと考えればいいのかって……」

「そうか……、だから大事なのは、両方が自分であって、両方あっていいんだって認めてしまうことなんだよ」

「でも……、二重人格になってしまわないですか？」

「家の中の自分と学校での自分と、両方の自分があっていいんだって認めてしまえば、二重人格にはならない」

「どうしてですか？」

「二重人格っていうのは、どちらかの状態にあるときに、もう片方を意識できずにいるんだよ」

「意識できないんですか？」

「うん、抑圧って言ってね、都合の悪い自分をまったく意識できないんだよ」

「そんなことがあるんですか？」

「そう、そういう例が紹介されているね、ぼくは、実際には出会ったことがないけど。だから、両方の自分をしっかりと自覚して、学校に行くときは仮面でいいんだって思えばそれでいいんだよ」

「そうですか、違う自分でもいいんだって思うと、少し楽になります」


面接は、続いて、3・5を4点にするにはどうしたらいいかの話になり、世界史の本を読むこと、または、30分でいいから机に向かってみること、このどちらかをやってみるということを課題にして終了しました。

（コメント）

前回の面接で、C君の自己否定感は、いじめられることによって作られてきたらしいということがわかりました。根底に、親子の関わり等の問題もあるかもしれませんが、そこに踏み込むにはまだC君との間に信頼関係が成り立っていないと思い、触れませんでした。

今回の面接では、自分を褒めるというところから出発して、仮面という言葉を通して、家の中での自分と学校での自分とが違ってもいいんだというところの理解へと発展していきました。C君が小中学校でのいじめを通して培ってしまった「自分は目立ってはいけない、自分はダメな人間だ」との思いを打ち破るべく、あれこれと話してみましたが、前回と同様、C君の考えとは異なる考えを話して説得するということに重点が置かれてしまったようです。面接を振り返ってみて、聴くのでなくこちらが話すという面接になってしまったと反省です。

「目立ってはいけない」思いの裏にある不安

第4回面接（二週間後・10月）

「テストがあって少しは勉強ができた。テストが終わってから、世界史の本を少し読むことができた」と言って、C君は明るい表情で面接室に入ってきました。

この二週間は学校も休まずに行った。授業中は集中できなくて、ぼうっとしながら先生の話を聞いていた。テストがあって少しはテスト勉強ができたと言います。

「すごいね、どのくらいテスト勉強できたの？」

「日によって違うけど、三時間くらいかな」

「そう！　よくやったね。自分を褒めた？」

「はい、十分ではないけど、とりあえず、三時間やれたことは、自分としてはよくやったって。でも、どこかで、勉強をやって点を取ると、自分が目立ってしまって、よくないいんじゃないかって思って、ブレーキがかかるんです」

「前回の面接では、家の中での自分と、学校での自分と、両方あっていいんだっていうことを話したっけね」

「はい」

「それでは、今回は、なぜ目立ってはいけないと思うのか、というところから話してみようか」

「はあ……」

「C君が目立ってはいけないって思っているのは、いじめが原因だっけね」

「はい……」

「目立つといじめられる。その経験から目立つことへの抵抗があるっていうことだっけね」

「はい」

「C君は、高校を卒業したらどういう方面に進みたいと考えているの？」

「できれば大学へ行って……」

「大学へ行って、何を勉強したいの？」

「今一番興味があるのは、世界史」

「世界史のどういうところを勉強してみたいの？」

「特にここがっていうところがあるわけではないですけど、なんとなく面白そうだと思うから」

「そう、そしたらね、仮に、Ｃ君が大学へ行って、世界史の勉強を猛烈にやって、たとえば中東問題について詳しくなって、その道の権威者みたくなったとしたら、どう？」

「どうって言われても……」

「そうか、聞き方が悪かったかな。たとえば、そういうふうにして、その道の権威者になって目立つということについて、どう思う？」

「うーん、そういうふうにして、自分が何かにおいて目立ちたいっていう思いはあります」

「そう、そういうところで目立つのはいいんだ」

「はい、できれば、そういうところで、目立ちたいっていうか、大物になりたいっていうか、そんな思いがあります」

「そうなんだ！」

「大物になって、ぼくをいじめた奴らを見返してやりたいっていうか……」

「そうか、見返してやりたい」

「はい、でも、そんなふうに大物になったとしても、みんなから嫌われてしまいそうな気がする」

「どうして？」

「傲慢だって思われるんじゃないかって」

「傲慢……、そうか、もしかしたら、大物になって見返してやりたいっていう気持ちが大きい分だけ、大物になれなかったらどうしようかとか、自分は大物になれないかもしれないっていう気持ちとかがあって、だから、目立ってはいけないっていう思いが作られてきたのかもしれないね」

「……」

「目立つ人間になって見返してやりたい、でも、大物になれないのかもしれない。その不安を先取りして、目立ってはいけないって、はじめにブレーキをかけてしまう……」

「……、そんなふうに考えたこともなかったけど、そうかもしれない、自信がないから、はじめから目立ってはいけないって思ったのかもしれない……」

「仮に、の話だから、この考えも当たっているかどうかはわからないけどね……。でもね、仮にこういう考えから目立ってはいけないっていう考えが作られたとしたらだよ、どうやって克服していけばいいと思う？」

「わかりません」

「ヒントは前回の面接の、ありのままの自分をありのままに認めることにあると思う」

「ありのままにって言うなら、大物になりたいっていう気持ちも、大物になれないっていうことも、両方をありのままに認めること、ですか？」

「うん、そうだと思う。大物になりたいっていうことは、見返すためにではなくても大事なことだと思う。大物になりたい、だから、そのために努力する、その過程がその人を成長させるんだから。そうやって努力した結果、大物になれなかったとするね。それで、大物になれなかったら何が問題なんだろう？」

「見返すことができないからかな……」

「見返すことができないとどうして問題なの？」

「だって、ぼくを、こんなに苦しめてきた奴らだから」

「仮に、その子たちが、申し訳なかったって言って謝りに来たらどうする？」

「謝ってくれればすっきりすると思う」

「すっきりしたら、目立つことも平気になる？」

「うーん、わかんない。すっきりしても、不安は続くかもわからない」

「謝ってもらっても不安が続くかもしれないとしたら、見返すこと自体にはあまり意味がないっていうことになるね」

「……、そうかもしれません……」

「だとしたら、大物になれないかもしれないっていう不安が一番の問題っていうことになりそうだね」

「……」

「自分をありのままに認めるっていうことは、大物になれなかったとしても、そういう自分を愛しいと感じ、それでも自分だからいいんだよって認めるということなんだよ。仮に、そのことで誰かが、なーんだお前はそんな程度の人間かって言ったら、そうだよそれが自分だよ、そう言うお前も大物になれなかった普通の人間じゃないのかって、心の中で言い返せばいい。大物なんていう人は、何万人の中の一人二人なんだよ。ほとんどの人は普通の人なんだ。ほとんどの人が普通の人生を普通に送っているんだよ。でも、その普通の中に、その人なりの喜びや楽しさを見つけて生きているんだよ。自分という人間の人生の主人公は自分自身だよね。だから、自分の人生の主人公として、自分がこれでいいと思えるような生き方をすることが一番大事なんだよね。人がどう思うかではなくて。人の目を気にするかぎり、自分の納得なんて得られないんだよ。この人たちからは褒められたけど、別の人たちからは褒められなかったっていうことはいくらでもあるわけだし、だから、人から褒められることばかりを気にしたら、限りなくエスカレートしていって、結局本来の自分を見失ってしまうんだね」

「ダメな自分でもいいっていうことですね」

「いいや、ちがう。自分の中のダメなところをありのままに認めることなんだ。ダメな自分ではない」

「ダメなところと良いところと、両方をありのままに認めるということですね」

「うん、そう。だから、大物になれるかどうかが問題ではなくて、大物めざして自分の人生をせいいっぱい生きてみようとすること、その努力する過程そのものの中に、実は喜びや楽しさが隠れているんじゃないのかなあ」

（コメント）

今回の面接では、目立つことの奥に秘められているものが少し見えてきました。いじめられてきたために目立ってはいけないと思うようになったと、Ｃ君は考えていたのですが、目立つような人間になりたいけどなれないかもしれないという不安や自信のなさがあって、その思いが目立ってはいけないと、自分にブレーキをかけていた可能性があるということがわかってきました。この不安や自信のなさがどこから来ているのかは触れませんでした。生育過程にまで深入りしないとわからないと思ったからです。Ｃ君自身がそうした点に関心を向けるときがきたら、考えていけばいいのでしょう。

今回はテストに向けて勉強も少しやれたし、世界史の本を読むことができたということで明るい雰囲気での面接でした。

心の中のプラスとマイナス

第５回面接（二週間後・11月）

「前回の面接で、目立ってもいいんだと考えるようになったら、気持ちがとても軽くなった。だから、勉強を家でぱーっとやってみたら、長い時間集中できたんです」

C君は面接室に入るなり明るい声で言いました。

「そう！　すごい！　たいしたもんだね！」

「でも、次の日、学校で授業中に気持ち悪くなってしまって、家に帰ったら朝まで寝てしまったんです」

そう言いながらも、C君の目は笑っていました。

「勉強をやれたという面と、しかし、次の日に気持ち悪くなってしまったという側面と、両面が出たんだね」

「はい」

「でも、両面が出たっていうことは、マイナスだけでなくて、プラス面も表に現れたっていうことだから」

「はい、そう。今までは、マイナス面ばっかり気になって、ほんの少しプラス面が出ても、マイナスの方が大きいからダメだって思ったんですけど、今回は、マイナスがあっても、プラスがあったんだからいいかなっていう気になったんです」

「それは大きな変化だね！　自分を褒めることがしっかりできてきたっていうことかな」

「はい、たぶん、そうだろうと思います。でも、その日以来、学校から帰ると眠たくなって、家で寝てしまうんです」

「寝てしまうって、ずっと？」

「はい、朝まで寝てしまうことがずっと続いていて……」

「そう、それで、そういう日は学校ではどうなの、授業中」

「さすがに、もう授業中に寝てしまうっていうことはありません」

「それなら、いいじゃないのかなあ」

「でも、家に帰ってきてからずっと寝てしまうなんて」

「それだけ心と体の芯が疲れているんだよ」

「でも、みんなは平気な顔をして学校に来ているし、家でも勉強をやっているし」

「みんなはみんな、それぞれ個性だって以前言ったっけね」

「はい、頭の中ではわかるんですが、体がついてこないっていうのか……。先生、ぼく、どういうふうに歩いたらいいのかさっぱりわからなくて、立ち止まっているみたいな感じがするんです」

「思春期っていうのはちょうど子どもから大人へと変わるためのトンネルの中を歩く時期みたいなものだと思うよ。トンネルに入る前は、乳幼児から児童生徒へ変わっていく時で、周りの目を気にしたり、親や周りに気に入られるように行動したり。そうしてトンネルに入るわけだけど、その時まで、自分で考え、試行錯誤しながらでも自分の思いを通して歩いてきた人は、こっちの方向へ進んでいけば出口へ行くだろうという目安があるし、自分の頭で考えて足を動かすことができるけど、周りの目を気にしてばかりいた人は、さあ、トンネルの中に入ったからこれからは自分で考えて歩きなさいって言われても、すぐにはできなくて、どっちへ行ったらいいのかもわからずに、立ち止まって、しゃがみ込んでしまうんだよ」

「先生、トンネルから出られるようになるんですか？」

「大丈夫、そのために、ぼくも今トンネルの中に入って、Ｃ君の横を一緒に歩いているんだから」

「そうですか！」

「うん、でも、このトンネルはね、自分で方向を見つけて、自分で歩いて行かなくては抜け出せないんだよ」

「自分で見つけて自分で歩くのですか」

「うん、カウンセラーはね、横を一緒に歩くことしかできないんだ。ただし、歩く方向がどうも間違っているなと思ったら、そっちじゃないよって言うことはできる」

「でも、こうやって歩きなさいとは言えないんですか」

「うん、そうすると、結局、思春期トンネルに入る前の状態に戻ってしまうからね」

「ああ、そうか、自分で考えて、自分で歩いていく」

「うん、それが、大人の自分の歩き方なんだね。そのための模索期間のようなものかな、思春期トンネルって」

「そうですか、だとしたら、ぼくも、トンネルの中でもがかなければならないっていうことですか」

「うん、そうだろうね、でも、きっと、出口は見つかるから。そのためには、まず、何をしていったらいいかを具体的に考えていかないと」

「うーん、授業はしっかり受ける、家に帰ったら少しだけでもいいから勉強する、何もできそうになかったら世界史の本だけでも読む……、このくらいならめざせるかな」

（コメント）

今回の面接では、Ｃ君は、自分の中のプラス面とマイナス面の両面の出現を自分で認めることができました。これは大きな変化といってもいいかと思います。人間はすべて、プラスに働く部分とマイナス部分と両面を持って生きています。しかし、マイナス面ばかりにとらわれている人には自分のプラス面が見えません。だから自分を褒めるようにと言ってきたのです。褒めることを通して、人間に両面あるのが当たり前だから自分にもマイナス面があって当然だということを実感させたいのです。Ｃ君の心が少しそちらに向かって動き出したのではないかと思いました。

心の中に住む怪獣

第６回面接（二週間後・11月）

「勉強が手につかない。勉強をやろうとすると心の中から何ものかが出てきて邪魔をする。そうなると苦しくなって、頭の中をかきむしりたくなる。医者には月一回通っていて、薬も飲んでいるが、少しも楽にならない。面接をやってきて、考え方が少しは変わることができたと思ったけれど、また元に戻ってしまったのではないのかと心配」

そう言って、Ｃ君は苦しそうな表情を見せました。

前回の面接では順調に進展していきそうな様子が見られたのですが、今回は逆戻りしてしまったかのような表情でした。

「勉強をやろうとすると心の中から何ものかが出てきて邪魔をするって、どんな奴が出てくるの？」

「心の中に怪獣が住んでいて、そいつが、暴れるんです」

「怪獣？」

「はい」

「どんな怪獣？」

「ゴジラを小さくしたような感じ」

「そいつが暴れるの？」

「はい、勉強をやろうとすると、ギャオウって出てくるんです」

「そうか、じゃあ、その怪獣を追い出せばそういう状態から抜け出せる？」

「でも、怪獣は自分自身だから、怪獣を追い出すとぼくも消えてしまうんです」

「そうか、追い出せないとすると、怪獣が現れそうになったら出口を閉じてしまうか、または、怪獣と仲良くやるか、どちらか……」

「怪獣と仲良くやる、ですか？」

「うん、だって、怪獣がC君自身だとしたら、多少は暴れてもいいとして、仲良くやる方法を考えた方がいいだろうと思うけど」

「怪獣と仲良くだなんて考えたこともありません」

「でも、そうできれば一番いいんでしょう？」

「はあ、まあ」

「その怪獣って、どんな性質を持っているの？」

「性質ですか？」

「うーん、怪獣の特徴っていうのか、性質っていうのか」

「特徴は、目立ってはいけない、普通でなければいけない、っていう自分に対して、目立ちたい、周りの人を驚かすような大きなことをやってみたいっていうことかな」

「そうか、そうすると、怪獣と仲良くやるためには？」

「目立ったりすることを自分もやっていいっていうこと……」

「うーん、そうなりそうだね。前々回の面接だっけか、目立つことについて話したっけね」

「はい」

「あの時のこと覚えている？」

「はい、目立ってもいい、大物になろうとしていいんだって。でも、それが、ぼくをいじめてきた奴らを見返すためならよくないって……」

「よくない？」

「うーん、よくないっていうんじゃなくて、大物になれないのかもしれないという不安があって、自信がないから、逆に目立ってはいけないって考えようとしてきた……」

「うん、きっと、そういう考えが、いじめられることによって、強化されてしまったんだろうね」

「ああ、どちらが先かではなくて、両方が、重なってしまった……」

「うん、きっとそうだろうね……。それで、どうやって克服していこうかって考えたのだったっけ」

「ありのままに認める……。目立ってはいけないって考える自分と、目立っていいんだって考える自分と、両方を……」

「うん」

「でも、先生、目立ってはいけないって考える自分と、目立っていいんだって考える自分と、両方を認めるって、矛盾しませんか？」

「うん、確かに。じゃあ、どう考えたらいい？」

「……よくわかりません」

「ヒントは、自分はダメな人間かダメでない人間かって考えるのではなくて、自分の中に良いところとダメなところと両方あって、それがすべての人間に当てはまるっていうこと」

「……ああ、そうすると、自分の中に、目立ってはいけないと考える自分と、目立っていいんだって考える自分と、両方の部分があるって考える……」

「そう、両方の部分があるって考える」

「そうか、そうすると、怪獣が現れるのも、自分のそういう部分が現れたって……」

「だから、考えてみれば、とってもわかりやすいっていうことだよね」

「わかりやすい？」

「うん、怪獣という形で、Ｃ君のもう一つ別な姿がはっきりと自己主張してくれているんだから」

「ああ、そうか、怪獣という形をとって、現れている」

「うん、だから、それを否定してしまわずに、目立ちたいという部分が今、自己主張しているんだと考える」

「そうやって、そういう部分を認めるっていうことですか？」

「うん、そう」

「勉強をやろうとすると怪獣が現れるのはどう考えたらいいのだろう……。勉強をやろうとすることは目立とうとすることだし、怪獣も目立ちたいっていうことだとしたら、そんな時に出てくる必要はないっていうことですよね」

「うーん、そうだよね、じゃあ、どうしてなんだろう……」

「よくわかりません……。そうすると怪獣は、目立ちたいっていう心の現れではないということですか？」

「さあ……、もしそうだとしたら、勉強をしようとしてやれないのは、目立ちたくないからではないっていうことになるね」

「うん」

「自分ではそうだとばかり思ってきたけど、違うっていうこと？」

「いや、ぼくにはわからない。考えられる理由を挙げてみようよ」

「……一つは、どうせやってもできないかもしれないという思い」

「やらなきゃいけないって思いながらできない……、楽な方へ逃げたいのかな」

「それはどうかな……、だって、やれなくて苦しんでいるんだから」

「そうか……、すると、ほかには……、考えられない」

「今までは、目立ってはいけないって考えていたのだから……」

「先生、これ以上思いつかない……。だとしら、ぼくは、勉強に向かえないのを、いじめられてきたために目立ってはいけないって考えたからだって、そっちへ逃げていたっていうことなんですかね……」

「さあ、どうか……。ただ事実として、いじめを受けてきたことが、目立ってはいけないという考えをＣ君の中に根付かせてしまったということは言えそうだよね」

「はい」

「それと、どうせやってもできないと思っているから……。でも、テストの時は、少しでもやろうとしたし、実際にやれたんだから、この考えも正しいとは言いきれないね……」

「……」

「すると、ほかには、怪獣が現れるのは、目立ちたいとか自己主張したいとかではなくて、心にたまったストレスが爆発したって考えられない？」

「勉強をやろうとすると、たまっているストレスが爆発して、勉強を妨げるっていうことですか？」

「うん、その可能性はどう？」

「あると思います」

「そうだとしたら、怪獣は暴れさせてやることによって、自然に姿を消していくっていうことになるね」

「ストレスなら、そうですよね」

「そうすると、怪獣を消すことで自分が消えてしまうっていうことにはならない……」

「はい、そうなりますね」

「そう考えるとどう？」

「今までは、怪獣は自分だって思ってきたから、怪獣を倒すとか消すとかは考えたことがなかったけど、ストレスだとしたら、確かに、発散させてやれば、消えていく……」

「そう考えることに納得がいく？」

「はあ、なんとなく」

「それなら、勉強しようとして怪獣が暴れ出したらどうしたらいい？」

「うーん、怪獣を認めて、暴れさせることかな」

「そうだね、暴れさせてやることだね」

「どうやって、暴れさせる？」

「方法は、たとえば、外に出てジョギングするとか、音楽を聴くとか、お母さんや家の人を相手に話しまくるとか……、ぼくは、高校生の時には、むしゃくしゃすると、自転車で郊外に出て田んぼ道を走ったり、海を見に行ったり、低い山に登ってみたり、それから、ノートを一冊用意しておいて書きたい放題書きまくったりしたよ」

「先生も、そんな時があったんですか？」

「うん、みんな、多かれ少なかれ、そうやって発散しているんじゃないのかな……。部活動をやっている人は、そこで体を動かして発散しているのだろうしね」

「そうですか、ぼくは、自分だけが、怪獣が出て暴れるんだと思っていました」

「今度は、怪獣をストレスと考えて、意識的に発散させてみようか」

「はい」

「どういうことなら、やれそう？」

「発散ですか？」

「うん」

「ジョギングは無理かもしれないけど、自転車で郊外へ行ったり、海を見に行ったりすることはできると思います」

「ノートを一冊用意して、むしゃくしゃしたら、好き勝手に書きまくるっていうのは？」

「うーん、やればできそう」

「そう、ではね、今度は、勉強をやるというより、怪獣を発散させてみるっていうことをやってみようよ」

（コメント）

面接は思わぬ方向に進んでいきました。相談室に来たときの苦しげな表情は、帰りには明るい顔に変わっていきました。心の中に住んでいて、勉強をしようとするときに暴れる怪獣については、C君の初めの捉え方が大きく変化しました。怪獣をストレスと捉えることで、発散の方向へ心が動いていきました。C君の心の奥の方に、勉強ができる自分でなければならないという思いが潜んでいて、そこから、できない自分を否定する自分が生まれてきているのではないかとも思いましたが、触れませんでした。ここに触れると、勉強ができる自分でなければならないという思いが、どうやって作られてきたのかに踏み込んで行かなくてはならないと考えたからです。そこにこちらから踏み込むには、今はまだC君自身が耐え得ないのではないかと思いました。彼自身が気づいて自ら踏み込むときが来たら、その時こそ、ティリヒの言う「カイロス（時）」なのでしょう。もう少し様子見といったところでいいかと思いました。

褒めると心に力が湧いてくる

第7回面接（二週間後・12月）

予定した日の予定時刻にC君は現れました。

「面接が終わってしばらくは、郊外を自転車で走ったり、海を見に行ったりして、怪獣も暴れずにすみました。一週間目はそれでよかったのですが、二週間目になったら、また、勉強が手につかなくなって、イライラしたかと思えば、気力が無くなってしまったりで、自分でも、いいときとダメなときの差が激しいって思うんです」

「うーん、そういうときは、どう考えたらいいんだっけ？」

「えーと、まず、自転車で走ったり海へ行ったりしてストレスを発散したことを褒める」

「うん、それで」

「次に、二週間目の勉強が手につかなくなってしまったことは……」

「手につかなくなってしまったことは」

「ダメなときもあるからそういう自分も認めて、まあいいかと思う」

「うん、そうして」

「それで……、でも、机に向かおうとしたことは褒める」

「オッケイ、それで十分」

「なんだか、そんなふうに考えると、気持ちがずいぶん楽になります」

「うん、それでいいと思う。だいたい、面接を始めた頃に比べれば、びっくりするくらい長く机に向かっていられるんじゃない」

「はい、そういうときばっかではないですけど、机に向かっていられる時間が増えているっていう実感があります」

「オッケイ、それでいいと思う。勉強できなかったことよりも、できたことを褒めることが大事だからね」

「はい、なんとなくですが、褒めることによって、自分に力が湧いてくるような気がします」

「授業の方はどう？」

「集中できているわけではありませんけど、なんとか、出席はできています」

「そうか、すごいね、しっかりと褒めなくてはね」

「はい」


（コメント）

今回の面接では、C君の精神状態がとても安定していました。一週間目にストレスの発散がうまくいったからでしょう。二週間目に勉強ができなかったことも、一週間目がうまくいったためか、尾を引かずにすんだようです。そればかりか、勉強できないときもあるさといった感じの、自分のマイナス面を認めてしまうというか、よい意味での開き直りというか、そういった強ささえ感じることができました。

十二月は冬休みに入ってしまうこともあって、今回で終了して、次回は年を明けて一月になってからということにしました。

勉強に向かうことができる心の安定

第８回面接（三週間後・翌年１月）

冬休み、正月と、家でゆっくり過ごしたとＣ君は言います。一月の授業が始まって、最初は戸惑ったが、すぐにペースをつかむことができた。今は、学校に行くことも苦痛でも何でもない。普通に行けると言います。

勉強は、十分ではないが、以前のようにまったくできないというわけではない。学校から戻ってきて、次の日の予習を多少はやれるようになったと言います。

すっかり落ちついている感じで、面接というより雑談といった感じの話でした。

夢に表れた母親への思い

雑談調の話の中で、Ｃ君は面白い夢を話してくれました。

「お母さんに頼まれて、一緒に買い物に出たら、途中に小さな犬がいて、そいつが鎖に繋がれていなくて、突然お母さんの足にかみついたんです。お母さんはびっくりして追い払ったけど、足にかまれた跡がついてしまって。犬はどこかへ逃げていってしまったけど、お母さんが痛がるので、家に戻って消毒してやったんです。消毒してやったらもう大丈夫だって言うから、今日は買い物はやめようとぼくが言って、自分の部屋に戻って、ふと見ると、ぼくの足にもお母さんと同じようなかまれた跡がついていたっていう夢です」

「C君にとってお母さんって、どういう感じの人なの?」

「どっちかっていうと、口うるさいっていう感じです」

「口うるさい?」

「はい、なんやかんやとすぐ口を出してくるんです」

「そう、それで、そういうとき、C君はどうするの?」

「無視するか、黙って自分の部屋に入ってしまうか、怒り出すか……」

「小学校の頃はどうだったの?」

「昔から、ずっと、そうだった」

「そう、小さい頃から、事あるごとに口出しされてきたっていう感じ?」

「はい、そうです。小さい頃から、ずっと」

「じゃあ、反抗は?」

「中学生くらいまでは反抗したことはほとんどなかった」

「そう、じゃあ、お母さんの言うことをよく聞く良い子だった?」

「親にとっては、たぶん、良い子だったと思います」

「それで、高校生になってから、反抗した？」

「いいえ、反抗はほとんどなくて。でも、二年になってからかな？」

「高校の？」

「はい、反抗っていうか、無視したりするのは、二年になってからです」

「そう、そうすると、たとえば、お母さんに対して反抗したりすると、お母さんに悪いなって思う？」

「うーん、反抗みたいなことをしているときはそうでもないですけど、後から、悪かったかなあって、ちょっと思います」

「そう、そうすると、この夢は、C君のそんな気持ちを見事に表していることになるね」

「えっ、そうですか！」

「うん。まず、お母さんに頼まれて一緒に買い物に行くっていうのは、お母さんが自分の欲求を満たすためにC君を連れ出したっていうことで、ここですでに、C君の、お母さんに対する反感が表れているんだと思う。その後、お母さんが犬にかまれるっていうのは、C君の、お母さんに対する攻撃心の表れだと考えられそうだね。でも、C君は、お母さんを家に連れ戻して傷口を消毒してやる。これは、お母さんに対する攻撃心を持ったことに対する罪悪感っていうか、後ろめたさだと思う。そしてきわめつけは、C君自身も、足にお母さんと同じようなかまれた跡があるっていうこと」

「ああ、わかりました。それも、ぼくの罪悪感っていうのですね」

「うん、たぶん、そうだと思う。そう解釈すると、どう？」

「まったく、その通りだと思います。自分の心の奥に、そんな気持ちがあったのかっていう感じです」

「おそらく、C君の無意識は、お母さんに対する反抗心をしっかりと感じ取っていた。けれども、反抗してはいけないっていう思いが強くあって、それを抑えていた。ぼくと面接を繰り返す中で、自分の心の奥を見つめるようになって、奥に潜んでいた反抗心をつなぎ止めていたブレーキがゆるんで、夢の中に浮き上がってきた。もう、意識で感じ取ってもいい頃だよって。でも、まだ、ブレーキは完全に解かれたわけではないので、自分の足にも同じようなかまれた跡を残した。そういう感じかな」

「その通りだと思います。でも、自分の心の奥にそんな思いが潜んでいたなんて、不思議です。それに、夢がそういうことを知らせてくれるなんて、それも不思議です」

「そうだね、人間の無意識は、意識ではわからない不思議な世界を持っているように思うね」

「でも、先生、こんなふうに、犬に母が足をかまれて、ぼくも同じようにかまれた跡があるなんて、そんな妙な夢ってあるんですか？」

「うん、ぼくが話を聞かせてもらった人の中には、お母さんが足を蛇にかまれて、自分もかまれた跡が残っていたっていう夢を見たという人がいたよ」

「そうですか、じゃあ、こういう夢も特別不思議っていうわけではないんですね」

「うん、夢は何でもありだから、時間や空間を平気で飛び越えてしまうし、倫理や道徳も飛び越えてしまうし、現実生活の常識では考えられないことが当たり前のように起こるんだよ」

「そうですか、でも、自分の心の奥にそういう思いがあるって言われると、ああそうなんだって思って、自分をあらためて見つめ直すことができるような気がします」

「そうだね、それが、夢分析の面白さだし、人間の不思議さなんだろうね」


（コメント）

ずいぶん心が安定してきたので、そろそろ面接を終了してもいいかと思ったのですが、思いがけなく夢の話をしてくれたので、もう一回面接を続けることにしました。

夢をきっかけにして、C君はお母さんの口うるささの中で育ってきたことがわかりました。そう考えると、勉強をやろうとしてできないというもがきの奥に、お母さんの要求に応えられない自分をダメな人間だと思う気持ちが潜んでいて、それが、いじめられた経験と重なって、目立ってはいけないという思いに結びついていったのかもしれないと思いました。しかし、この問題に触れると、せっかく安定しはじめた彼の心をもう一度揺るがすことになります。しかも、お母さんとの関わりを根底から問うことになりますから、揺れも大きなものになるのではないかと思います。

どうしようかとためらいながら、とりあえず、もう一回面接をしてみようということにしました。お母さんとの関わりに深くつっこんでいくのかどうか、次回の面接の中で判断しようと思いました。

面接終了

第9回面接（二週間後・1月）

この二週間は調子も良くて、学校にも普通に通ったし、家に帰って机に向かっても、そこそこ勉強もできたとC君は言います。この間に見た夢で覚えているものがあるか聞いてみましたが、ほとんど夢を見なかったというか、覚えているものはないということでした。

調子が良さそうなので、これ以上面接をしなくてもいいかなと思い、今後面接を続けるかどうか聞いてみました。

「先生ともっと話していたいと思うけれど、自分でがんばってみてもいいかなとも思う」ということでした。そこで、「面接を始めた頃と、今とでは、自分がどう違うのか」と聞いてみました。「まず、家に帰って机に向かって勉強することができるようになった」と言います。さらに「勉強しようとして怪獣が現れることがほとんどなくなった」と。

考え方の面ではどうかと聞くと、「いじめられてきたから自分はダメな人間だってずっと思ってきたけど、ダメな人間ではなくて、ダメなところがある人間だって思えるようになった。そう思えると、ずいぶん気が楽になって、多少はダメでもいいやって思うようになった。こんな考えは今まで持ったことがなかった。そして、自分を褒めることができるようになった。これも今までの自分からは考えられないことだった。自分を褒めると自己中心的な人間になるのではないかと初めは思ったが、そうではなくて、自分の中に力が湧き起こってくるような感じがする」と言います。

「うーん、そうやって自分のことをしっかりと見つめることができるようになっているんだから、すごいね。ずいぶん変わったよね。すごいことだよね」

「はい、自分でも驚くくらい変わったと思います。先生のおかげです」

「いいや、Ｃ君自身の力だよ。これなら面接を終了してもいいと思うから、最後に一つだけ付け加えておくね。Ｃ君が大きく変わってきたということは、Ｃ君自身の力によるんだよ。Ｃ君という人間の奥底に、苦しむ自分を立て直し、納得できる自分を作り出そうとする力が潜んでいたということ、このことをしっかりと信じてほしいんだ。自然治癒力と言ってもいいし、人間力って言ってもいいと思うけど、そういう力が潜んでいるっていうこと、信じられるでしょう」

「はい、自分が変わってきたから、信じられる気がします」

「うん、そして、大事なことは、そういう力は、実は、C君の隣にいる人も、向こう側にいる人も、どんな人にもあるということ。そのことをしっかりと理解してほしいんだ」

「自分にあったことは信じられます。周りの人にもあるということは、なんとなくでしかありませんが、信じられるような気がします」

「うん、それが正直な思いだろうね、周りの人に対しては、そうだろうなでいいと思う」

「はい、それなら、できます」

こう言って、二人で面接の過程を振り返って、変化を確認して面接を終了しました。

通院も面接終了時点でやめて、C君は無事に三年生に進級していきました。

自己肯定感とありのままの自分を認める力

（面接を振り返って）

C君は最初、「勉強をやろうとすると息苦しくなって座っていられなくなる」という苦しみを抱えて相談に来ました。小中学校の時にいじめられてきたつらい経験から、「目立ってはいけない」という考えがしみついているため、勉強をやって勉強ができるようになって「目立つといけない」と考え、そのため「勉強をやろうとすると息苦しくなって座っていられなくなる」のではないかと考えたのでした。面接を続けていくうちに、C君は、「目立つような人間になりたいけれどなれないのかもしれない」という不安や自信のなさがあって、これが、いじめられた経験と重なって、「目立ってはいけない」と考えるようになったのではないかということがわかってきました。やがて、勉強しようとすると邪魔する心の中の魔物の正体が、「目立つ」こととは異なる、「ストレス」かもしれないと考えました。「ストレス」と考えることで、その発散を意識的に行うことが可能となり、心は一気に安定の方向に向かいました。そこまで進んだ段階で、夢が報告されました。お母さんは「勉強ができる」C君を求めているだろうとC君は考え、そのお母さんの要求に対して応えられない自分をダメな人間だと思い、ダメ人間として見捨てられてしまうかもしれないという不安が自己否定感を先取りして、いじめの経験と重なって、「目立ってはいけない」と考える自分を作り出したのではないか。そのように推測されましたが、この段階でC君は現実適応がほぼできるようになっており、面接当初の苦悩も解決してきていたので、それ以上掘り下げずに面接を終了しました。

C君の現実適応を可能にした要因は、様々な点が考えられますが、最大の点は、彼の心の中に潜んでいた立ち直ろうとする力というか、自然治癒力というか、人間力というか、そういった力の為せる業だと思います。その力を導き出したものは、「自分を褒める」こと、そして、「自分をダメな人間だと考えずに、自分の中に、良いところとダメなところと両方あって、時と場合に応じて、それぞれが顔を出しているのだ」と捉えること、つまり、自己肯定感と、自分をオールオアナッシングではなく部分化して捉える力、そして、ありのままの自分を認める力ではないかと思います。

今後は、「お母さんからの要求や期待」とは異なる自分であっても、自分の人生の主人公は自分自身なのだから、自分が納得できればそれでいいのだと考えられるようになることが、本当の意味の「思春期トンネル」を抜け出して大人の自分を作ることにつながるのだと思います。やがて、その問題を真正面に受けとめて格闘する時期が来るのだろうと思います。

それにしても、C君の話を聴いていて、小学校や中学校でのいじめが、どんなに心を苦しめていくのかということを、あらためて強く思いました。学校の中で、強い自己否定感を持たされて子ども時代を送っている彼らの心の苦悩を思うとき、大人の一人として、自分の心をかきむしられるようなつらさとともに、申し訳ない思いがわき上がってきます。子どもを苦しめるのは大人たちの責任です。子どもたちから目の輝きを奪うのは大人たちです。その一人として、私自身もいるのだという思いが心を離れませんでした。

第Ⅱ部　心の闇を抱えてもがく思春期の子どもたち

―カウンセリングの実践から見えてきたもの―

第1章　子どもたちを苦しめるものの正体

「普通の子」がキレる

近年の子どもたちの起こす事件には、今までとは異なるいくつかの特徴があります。

一つ目は、「普通の子」や「あんなに良い子」が、事件を起こすということです。

二つ目は、順を追って段階的に目に見える形で「崩れていく」のではなく、「ある日突然」事件を起こすということです。

三つ目は、起こす事件が、殺人や傷害など、大事件がめだつということです。

「普通の子」や「あんなに良い子」がどうして大事件を起こすのでしょうか。

そんな疑問を頭に置きながら、ここ数年カウンセリングを行ってきたのですが、「問題行動」や「不適応」を起こす子どもたちに共通する点がいくつかあることに気づきました。それは、自尊感情の欠如と自己否定感、たえず友だちと自分とを比較して自分が友だちや周囲からどういう目で見られているのかを気にする思い、そして、得体の知れない漠然とした不安感などです。


典型的な例を一つ記してみます。

高校二年生になって、学校へ行けなくなった女子生徒Ｄ子さんの例です。

彼女は、リストカットを繰り返して、このままでは自分は本当に死んでしまうかもしれないと不安になって相談に来ました。

小学校、中学校時代は、成績優秀で、親の言うことをよく聞く優等生でした。ところが、高校に入ってから急に情緒不安に陥り、勉強が手につかなくなりました。成績が下がり、勉強についていけなくなり、自分の部屋にこもってしまうようになりました。親は、優等生の我が子が一変してしまったと嘆き、叱ったり勉強をがんばるように励ましたりしました。しかし、叱られるたびに、あるいは勉強がんばれと言われるたびに、彼女は親への反発を心に抱くようになり、やがて、堰を切ったように反抗しはじめたのです。親は驚き、おろおろするばかりでした。そんな親の姿を見て彼女はいっそう強く反抗したのですが、反抗が強い分だけ、自分の心も深く傷ついていきました。やがて、自己嫌悪が強くなり、リストカットに及んだのです。

面接場面で彼女は、「自分は親からも誰からも愛されていない存在だ」「自分なんかこの世にいない方がいい」と何度も繰り返しました。

私は、彼女の叫びをひたすら聴いて、心のもがきを受けとめることに徹しました。面接を何カ月か繰り返すと、彼女は、「こんな自分の話を、真正面から聴いて受けとめてくれる人がいる」という思いを抱いてくれるようになりました。そして「こんな自分でもいいんだ」と言葉にするようになりました。カウンセリングに並行して、親御さんに状況を説明して、家の中で彼女の話をしっかりと聴いて、彼女のありのままの姿を受け入れてやってほしいとお願いしました。

こうして少しずつ「ありのままの自分でいいんだ」との思いを手にした彼女は、学校へも足が向くようになったのです。

そんな彼女が、あるとき、自分の過去を振り返って話してくれました。

彼女の語る生い立ちは次のようなものでした。

・自分は二人姉妹の長女で、三歳下の妹をかわいがり、なにかと妹の面倒を見た。
・お母さんに対して、洋服を買ってほしいなどとねだることはほとんどなかった。
・妹がお母さんに抱っこしてもらったり遊んでもらったりする姿を見て羨ましかった。
・自分はお母さんに遊んでほしいと言えなかった。
・小学校に上がってからも、学校から帰ると毎日のように妹と遊んだ。
・妹と遊んだり家でお母さんの手伝いをしたりすると、お母さんが喜んだ。
・勉強はがんばってやった。成績がいいと、先生からも、お母さんからも褒められた。
・学校ではクラス委員をやり、クラスの代表としてまじめによく活動した。
・中学校でも成績はよくて、クラス委員をやり、先生から仕事を頼まれたりした。

・高校に入って、理由もわからず急に体の調子が悪くなり、勉強が手につかなくなった。
・成績が下がり不安になっているところへ、お母さんから勉強をもっとがんばりなさいと言われ、なにかが切れてしまったような気がして、学校へも行けなくなった。
・お母さんはいい人だとは思うけれど、振り返ってみると、私はいつもお母さんの顔色ばかりを気にしていたような気がする。お母さんの喜ぶ顔を見ると安心した。
・お父さんは怖い人で近寄りがたい。

お母さんは子どもとどのように関わってきたのか、話を伺いました。

・小さな頃から手のかからない、聞き分けのよい子だった。
・何でもよくできて、小学校でも中学校でも、優等生だった。
・妹の面倒をよく見てくれていた。
・父親は子育てにはほとんど関わらなかった。
・あんな良い子がどうして急に学校へ行けなくなったのか、どうして親に反抗するようになってしまったのか、わけがわからない。

「思春期トンネル」の中のもがき

D子さんの心の奥に潜んでいたもがきは、学校へ行けなくなり、母親に対して反抗するという形で表に現れ出ました。では、心の奥に潜んでいたもがきとは何だったのでしょうか、どのようにして作られたのでしょうか。

まず第一に、お母さんに対する甘えや要求を表現できなかったことが考えられます。自分もお母さんに甘えたいし、一緒に遊んでほしいのに、妹のためにがまんしてしまった。そればかりか、妹の面倒をよく見てやるとお母さんが喜ぶので、自分の要求を殺して妹と遊んでやった。このように子どもが自分の願いを消して親の要求に合わせた行動を取ることを、私は「自分殺し」と呼んでいますが、彼女の場合、「自分殺し」を小さな時から中学生の時までずっとやってきたということが考えられます。

この「自分殺し」では、自分の行動の拠り所をお母さんが喜ぶという点に置きます。大事な場面での自分の行動の基準をお母さんの考えに合わせていきますから、順調に事が運んでいるときは問題ないのですが、ひとたび困難や挫折に直面すると、どう判断していいのかわからなくなってしまいます。

思春期は「第二の誕生」と言われるように、それまでの古い自分を崩して、大人としての新しい自分を築き上げる時期です。誰もがみな、トンネルのような真っ暗な中に閉ざされてしまうのですが、自分の力で出口を探して歩かなければ、抜け出すことができません。ところが、急にトンネルの中に入れられてさあここから一人で歩けと言われるようなものですから、その時まで親の言うように生きてきた人は、どうしていいか、どっちに向かって歩き出せばいいのかなどまったくわかりません。だからトンネル内でしゃがみ込んでしまったような状態になります。一方、思春期トンネルに至るまでに、親に対して反抗もし、自分の思いを主張して生きてきた人は、真っ暗な中で多少のまごつきはあっても、自分の足で出口を探してそちらに向かって歩いていきます。

そのように考えると、いわゆる「良い子」の多くは、「親にとっての良い子」であって、「自分殺し」を多く行ってきた子どもだと考えることもできます。

「良い子」の期間が長ければ長い分だけ、心にため込んできたストレスも多いと考えられます。ちょっとしたきっかけや挫折によって、「良い子」が突然学校へ行けなくなってしまったり、キレてしまったりする理由の一つがここにあると言えましょう。

勉強競争の中のもがき

二つ目に、今の子どもたちを取り巻く学校での問題が考えられます。

今日の日本はかつてなかったほどの高学歴社会と言われています。義務教育を終えて高校に進学する人たちが九割をはるかに超える時代です。その中で、「偏差値の高い」大学に進むために「偏差値の高い」高校へと希望が集中し激しい競争が行われています。まるで、「偏差値の高い」大学に進むことが人生の幸せを手に入れる唯一の手段であるかのように、子どもたちは受験勉強に追いやられています。

少しでも「偏差値の高い」高校へという親の思いは、先走りして、小学校に入った子どもたちに対してまで勉強を強要してしまいます。その結果、「勉強さえできればいい」とか、「勉強ができることが人間的にも立派であって、勉強ができない子はダメな子だ」という考えを子どもたちに抱かせてしまうことさえあります。

さらに、小学校時代から塾通いを強いることで、子どもたちから遊びを奪ってしまうという異常な事態も起こっています。

遊びは、子どもを大人に変える、宝の箱です。

友だちと体を使って外で存分遊ぶことによって、子どもは人間への関わり方を学びます。ケンカしてごめんねと謝り、許してもらってまた仲間に入れてもらう、そうしたことを繰り返して、人間は本当に謝れば許してもらえるし再び仲間に入れてもらえるという、人間信頼の卵を手に入れることができます。この人間信頼の卵は、小さな頃に体を使って遊ぶことによってしか手に入れることができません。高校生くらいになると、メンツやプライドが邪魔をして、自分の方から友だちに向かって謝ったり仲間に入れてもらったりするような行動は取ることができません。だから、高校生の不登校の大多数が、友だち関係でのもがきや苦悩を学校へ行けない理由の一つに挙げているのです。

さらに遊びを通して、子どもたちはケガをしたり、相手にケガをさせたりして、痛い思いを経験します。こうして自分の体を通して痛さを実感することによって、相手を刃物で傷つけたりしない自制心が養われます。また、体をぶつけ合って遊ぶことを通して、人間の体と触れ合う実感を手に入れることができます。だから、こうした遊びを存分に繰り返すことで、相手の体を思いやる力と自分をコントロールする力を身につけることができるのです。これが、いきなり相手を刃物で傷つけたりしない力を養うのです。

このように遊びは子どもの心を耕し育てる大切な宝ものなのですが、その遊びが十分できないこと、これが、勉強が競争の道具のように扱われている現状の裏面にある弊害と言えましょう。したがって、このような学校環境の中で「良い子」を貫き通すことは、子どもたちにとって大きなストレスを抱え込むことを意味するばかりか、人との触れ合いや接し方を体験的に身につける機会を失うことにもなってしまいます。

D子さんも「遊びによる人との触れ合い」を十分経験できずに、「勉強競争」の中でもがいていたのでした。

自己肯定感を持てない子ども

三つ目は、二つ目と関わっていますが、自己肯定感を持ち得ない点です。

今、子どもたちの多くは、学校での勉強を通して強い自己否定感を持たされています。テストでよい点を取ることが勉強の目的のように考え、勉強ができるかどうかが自分という人間の価値を測る物差しでもあるかのように考えてしまいます。その結果、たえず他人と自分とを比較し、友だちに比べて自分が上か下かと考えてしまうのです。比較は相対的な位置に自分を置きますから、勉強のできる子は、よりできる子に劣等感を抱き、自分よりできない子に優越感を持ちます。勉強のできない子は、自分はダメな奴だと考えてしまいます。だから、結果的に、自分を肯定できる子どもはごくわずかになってしまうのです。

D子さんの場合も同様でした。勉強はがんばってよくできたのですが、常にテストの点が気にかかり、誰かに追いかけられているような気持ちがしていたと言います。

これは、D子さん個人の性格によるところもありますが、むしろ、D子さんを含む日本の子どもたちの多くが抱いている不安感だと言ってもいいかと思います。

日本の学校教育を考える上で注目すべき点が、近年、新聞紙上で主張されるようになりました。経済協力開発機構（ＯＥＣＤ）の開発した学習到達度調査06年で、「読解力」について日本は世界57カ国中15位と、前回03年調査時より順位を落としました。「数学的リテラシー」「科学的リテラシー」でも大幅に順位を落としました。一方、フィンランドはこの三部門ともに1位または2位でした。そこから、フィンランドの教育に注目し、日本の教育を見直すべきだとの意見が数多く発表されました。

朝日新聞08年3月2日報道の朝日教育セミナー「学力世界一のフィンランドに学ぼう」によると、フィンランドの教育の特徴として次の点が上げられていました。

フィンランドでは16歳まで義務教育が行われる。授業料、教材費ともに無料。一クラスの人数は十数人で、数人ずつのグループで助け合いながら学ぶ。授業時間数は日本より少なく、義務教育終了まで子どもを比べるテストはしない。習熟度別授業は効果がないとして廃止した。補習をして落ちこぼれを作らないようにしている。国が教育に金をかけ、家庭環境で格差が生まれないようにしている。

学校では「結論や正解を覚えさせる勉強はさせず、答えではなく考え方を教える」というのです。

これは「学力」という視点から捉えたフィンランドの教育制度なのですが、日本の教育の現状と比較すると、「学力」以上に重要な視点が含まれているように思います。
「答えではなく考え方を教える」わけですから、相手の考えをしっかり聞いて理解する力と、自分の考えをまとめて表現する力の両方が求められます。相手の考えをしっかり聞いて理解することを通して、相手を一個の人間として尊重するという姿勢が自然に養われます。同時に、自分の主張を相手もしっかりと聞いてくれるわけですから、相互信頼が生まれます。したがって、自尊感情や自己肯定感の土台が作られるのではないかと思います。

さらに、義務教育終了まで子どもを比べるテストはしないというわけですから、勉強がまるで「人格競争」でもあるかのように激化してしまっている日本の子どもたちに比べると、フィンランドの子どもたちが学校の中で自己否定感を持たされる場面はかなり少ないと言ってよいでしょう。

数人ずつのグループ学習、補習を実施して落ちこぼれをなくす対策を取っている等、子どもたちに「学力」をつけるための教育が、実は、子どもたちに協力共同の考えを培い、自尊感情を育てているのではないかと思います。

フィンランドの子どもたちの実情はわかりません。日本とは異なる様々な不適応もあるでしょう。しかし、この教育制度は、子どもたちに自尊感情を抱かせるという点で極めて大きな役割を果たすものだと言えましょう。

勉強をがんばってもがんばっても、なかなか自己肯定感を手に入れることができずにもがく日本の子どもたちを目の前にすると、日本の学校の制度や仕組みそのものが子どもたちに自己否定感を植え付けているのではないのかと思わずにはいられません。

以上、三点を挙げて、子どもたちを苦しめるものの正体を考えてみました。

相談に来る子どもたちの話を聴いていると、明るく伸びやかに生きてほしい子どもたちの心を歪め苦しめているのは、制度を含めた大人たちの責任だと強く思います。私もその大人の一人として、心を痛めながら耳を傾けつづけているのが現状です。

第2章　思春期の特徴と自立を阻む壁

日本の子どもたちの置かれている現状に続いて、思春期の子どもたちをどう理解しどう関わったらよいのかを述べていきたいと思います。はじめに思春期の子どもたちの特徴を綴ってみます。

1　思春期の特徴

思春期は中学生から高校生の年代にかけての時期ですが、その特徴については様々に言われています。私は次の四点をもって思春期の特徴と考えています。

(ア) 依存と自立のはざまに揺れながら、自立に向かう時期
(イ) 性的発達を迎える時期
(ウ) 仲間を意識し、集団や社会との関わりのうちに、自己を作る時期
(エ) 自分を見つめ、捉え、自分の人生を考えていく時期

それぞれの特徴について簡単に説明してみます。

（ア）依存と自立のはざまに揺れながら、自立に向かう時期

親に対して「自分はもう大人なのだから口うるさく干渉しないでほしい」と強がる反面、うまくいかないことや不安なことがあると「お母さん」とか「お父さん」とか言って頼ってきます。その落差が激しいので親は驚くのですが、そのような両極端に揺れる時期です。したがって、強がるときも、甘えるときも、その揺れが思春期の特徴だと考えておけば、親はどっしりと構えて受けとめることができます。そうして揺れながら、少しずつ大人としての自立に向かって進んでいきます。

（イ）性的発達を迎える時期

性的な発達は、異性への関心や性への関心を強く引き起こします。恋に憧れ異性を美化するときでもあります。高校生の恋愛相談を数多く受けてきましたが、恋愛中のカップルの直面する問題点が二つあるように思います。

一つは言葉の問題、もう一つは性の問題です。

恋愛における言葉は、お互いを結びつけますが、相手との仲を切り裂きもします。

例えば「愛している」という言葉一つを取ってみても、女性X子さんの言う「愛している」と男性Y君の言う「愛している」とは同一のものではありません。しかし、お互いに「愛してい

る」と言いあっている場合、「愛している」が同一のものだと錯覚してしまいます。だから、自分が考えているように相手も考えているはずだと思ってしまい、少しの「行き違い」が大きな溝になったりするのです。

人は相手の気持ちを分かりきることはできません。ただ、わかろうとすることはできます。わかろうとすることの繰り返しが、少しずつ人間への信頼を身につけさせていくのです。だから、恋愛は、「わかるとは、わかろうとすること」だという人間信頼の礎を学ぶことができる場でもあります。お互いによく話し合いながら恋愛を進めていくことによって、自分を捉え、他人を理解する力を身につけることができる場でもあります。

恋愛におけるもう一つのポイントに性があります。性に関する教育は、学校教育の中で時間をしっかり取って行われているとはかぎりません。興味がありながらも、きちんと教えられているわけではありませんので、生徒たちは週刊誌情報によって性知識を手に入れています。その週刊誌情報が、性を興味本位の歪んだ形で伝えている場合が多いのです。

恋愛相談で、歪んだ性情報をもって相手を見ていたために恋愛が壊れてしまった例とか、妊娠によって心が深く傷ついてしまった女性の例など、性に関するトラブルで心や体を痛めた生徒たちの例はとても多いのです。

性の問題は特に男女お互いの考え方や欲求に違いがありますから、自分の体や考えを大事にすると同時に、相手の人格を尊重するという視点に立って、二人で真剣に考え話し合えるような恋愛をしてほしいと思います。そのような視点で、思春期の子どもたちに性を考えさせたいものです。

（ウ）仲間を意識し、集団や社会との関わりのうちに、自己を作る時期

中学や高校のホームルームは、そこが嫌だからといって他のクラスに変わることができません。したがって、嫌でも一年間は、その人間関係の中に身を置かねばなりません。しかしそのことは別の見方をすれば、人間関係を学ぶ絶好の機会とも言えます。

思春期になると、仲間を意識し、仲間との関わりのうちに自分を捉えようとします。クラスメートとの会話がうまくできず教室に入るのが怖いと言う生徒であっても、クラスメートを強く意識しています。強く意識しているからこそ、気になって、怖ささえ感じてしまうのです。だから、この時期に、クラスの中で様々な集団的行事に取り組み、クラスの人間関係を深めていくことが極めて大事なのです。

クラスの中で、討論をし、ゲームやスポーツに興じ、学校行事に一丸となって取り組むなどということを通して、彼らは人間への共感性を手に入れます。これが、その後の人生で社会生活を円滑に営む礎を形成するのです。

（エ）自分を見つめ、捉え、自分の人生を考えていく時期

この時期は、社会に関心を持ち、政治・経済・文化に心を動かすときです。正義感があり、不正を許さず、ヒューマニズムを大事にする時です。

近頃では、社会への関心や正義感やヒューマニズムなどは持ち合わせていないのではないかと思いたくなるような中学生や高校生の姿をよく目にしますが、彼らとじっくり話してみると、表面とは違った姿を見ることができます。

友だちのことを親から悪く言われるとそれだけで親への反感が湧き起こったり、ニュースに表れる政治家の汚職や企業経営者の倫理観の欠如などを知って激しく怒ったり。困っている人を見かけたら手を差し伸べようとしたり、自分の生き方を真剣に考え悩んでいたり。ただ、こうした若者の積極的で活動的な部分が、表現方法がわからなかったり、具体的な行動イメージが見出せなかったりするために、表に出てこないのです。心に秘めたものがたくさんあって、それが心に蓋がされているために中に沈潜している状態と言った方がよいかもわかりません。

さらに、「第二の誕生」とも言える時であり、それまでの価値観が揺れ、苦しみながら、納得いく価値観に基づく新しい自分を作り上げようともがく時でもあります。

2　思春期の自立を阻む壁

以上述べた思春期の特徴に対して、その実現を阻んでいる壁がいくつかあります。その点を指摘してみます。

(ア) 自己肯定できないもがき…比較の目の中で育った小・中・高校

子どもたちは、小学校の段階から、勉強が競争の道具として用いられ、人間形成の場というより人間を選別序列化する場のようになっている学校の中で生活しています。親も教師も知らず知らず、「勉強ができ」て「良い学校」へ進むことが「立派な人間」だという価値観を押しつけています。だからいつも誰かに追われ、誰かを追うといった、漠然とした不安定感の中で、他人と比較しながら自分を捉えて生活しています。不安を持ちながら生活していますから、常に周りをきょろきょろ見回して周りに合わせようとし、自分という個性を軽視してしまいます。これが子どもたちの心を自由に羽ばたかせるのを妨げている最大の弊害だと思います。

(イ) 人間関係作りができない…コミュニケーションをとれないもがき

小学校時代からの「遊び」の喪失により、仲間や集団や社会と関わっていく力を養う機会が奪われています。「遊び」は人間への関わり方を体得し人間信頼への卵を手に入れる場だと前述しましたが、人間関係を結ぶ機会を失うと、思春期になって、友だちや周りの人とどのように話し関わったらいいのかわからないといった状況に陥ってしまうことさえ起きてきます。また、今日、遊ぶことでの「トラブル」や「けんか」や「仲直り」などの人間的な関わり合いを避けて「勉強に逃げる子ども」が出てきています。勉強をしていれば周りの人が自分を認めてくれますから、自分の方からことさら友だち関係を求めていかなくても声を掛けてもらえます。しかも「勉強ができる」ということで、周りが一目置いてくれますから好都合なのです。こうして、友だち関係のごちゃごちゃの中に積極的に関わっていかずに、いわば「勉強に逃げる」子どもが現れるのですが、親も周りの人たちも、勉強を一生懸命にやっているので友だち関係をうまく結べなくてもよしとしてしまうのです。このような子どもが、高校生や大学生や社会人になって何らかの挫折に直面すると、突然、自分を見失い、家にこもってしまうことがあります。人間関係を十分結ばないことが、後にその人を苦しめる原因になる。そのような例が数多く見られるのです。

(ウ) 子どもの不安を支えるべき家庭が安心できる居場所になり得ていない

社会が海だとしたら、家庭は子どもにとって大海原に浮かぶ船です。海（社会）が荒れて不安定であればあるほど、船（家庭）は安定していてほしいし、その中で自分を支えていてほしいと子どもたちは願っています。しかし、多くの親が「勉強価値観」「学歴価値観」にとらわれて子どもを見てしまい、「勉強ができて偏差値の高い学校へ行くことが幸せだ」という考えを子どもに押しつけてしまいます。したがって、子どもは、親の願いに応えようとすれば「友だちとの関わり」などより「勉強第一」の生活を送ることになり、ストレスを抱えた「良い子」を演じていかざるを得ません。一方「勉強競争」から脱落した子どもは、親の期待に応えられなかった自分を責め、自分はたいしたことのない人間だという自己否定感を持たされてしまいます。

しかし、視点を変えれば、親がゆったりと子どもを見つめ、家庭内での人間的な関わりを大切にする心のゆとりが得られないほどに、今日の大人を取り巻く社会状況が不安と困難に満ちているとも言えます。中高年の自殺がかつてなかったほどに増加し、職場ではリストラ不安、家庭では経済的貧困が、大人たちの心と体を痛めつけています。

そんな貧しさの中で、教育にかかる費用が先進諸国の中で突出して高くかつ奨学金制度も貧弱なため、子どもに高学歴をつけさせるためには、親は長時間労働せざるを得ません。したがって、家の中で家族がともに過ごす団欒《だんらん》の時間が奪われ、子どもたちが家の中で孤立化しているのが現状です。

テレビやゲーム機器の影響により親子の会話や親子で過ごす時間が保てないということから、週一回の「ノーテレビデー」を実施している市町村がありますが、実施後の子どもたちの声を集めると、テレビなどを見ない日は親子で話したりトランプ遊びをやったりしてとても楽しいと語っています。テレビやゲームに興ずる子どもたちも、親子で語らい、楽しむひとときを望んでいるのです。

親自身も長時間労働などにより、子どもを見守り、子どもと関わり、子どもをしっかり受けとめるといったことができにくくなっています。しかし、子どもが不安になったとき、支えるのは親であり、家族です。その家族という「船」が揺れずにゆったりと進んでいくことが、子どもの成長と心の安定を作るのです。したがって、その欠落は、大人の想像をはるかに超えて、大きなダメージを子どもたちに与えてしまいます。

家庭が子どもにとっての心の居場所となるよう努めること。このことが今、子どもを持つ各家庭で強く求められているのだと思います。

以上三点に亘って思春期の自立を阻むものを述べてみました。

子どもたちは、自分に自信が持てず、「目立ちたい」が周りにどう見られるのかが気になって「目立ってはいけない」という意識を持ってしまいます。だから、表面的には友だちに「調子を合わせて」接しますが、しかし「心は不安でいっぱい」なのです。「普通の子」「良い子」と思われながら、内面は「苦悩」している。しかも、苦悩の正体が自分ではっきりとわからず漠然とした大きな不安に包まれて「苦悩」しているのが実情です。

しかし一方、心の中には、若者らしいエネルギーや行動力や正義感、そして、みずみずしい感性などが出番を待って潜んでいます。そうした両面を持っているのが、思春期の子どもたちの特徴だと思います。

3 「思春期トンネル」を抜け出す道しるべ…克服を実現させた力

それでは「思春期トンネル」をどうやって抜け出たらいいのでしょうか。

今まで、カウンセラーとして、また教師として、関わってきた人たちの「抜け出した道筋」に共通する点を綴ってみます。

（ア）自分をわかってくれる人の存在

思春期の特徴として「依存と自立のはざまに揺れながら、自立に向かう時期」を上げましたが、依存場面での自分と、自立場面での自分と、両場面での自分にそれぞれつきあってくれる人、その存在がトンネルを抜け出すためにとても大きな役割を果たします。

依存場面で最も頼りになる存在は親です。どんなに弱音を吐いても、わがままを言っても、親が後ろにどっしりと構えていてくれる。その安心感が、暗闇のトンネルを手探りで歩く心の拠り所になります。

不登校などの不適応を起こした子どもたちのカウンセリングをして適応できるようになった場合は、ほとんど例外なく、子どもとカウンセラーとの間に信頼関係が成り立っています。カウンセリングの方法は、夢分析を用いたり、面接だけであったり、行動療法を用いたり、家庭訪問によったりと様々ですが、いずれの場合も例外なく、子どもとカウンセラーとの間に信頼関係の成り立つことが成功の条件です。その場合、子どもにとって、カウンセラーは精神的な意味で親の役割を果たしていると考えられます。「底なし沼に底ができたら、底にいてほしい人はお母さん」と言った不登校の生徒の例を記しましたが、思春期トンネルの中でもがく子どもにとって、安心の拠り所は親なのです。だから、カウンセラーによるカウンセリングでなくても、親に支えられているという安心感を手に入れることで、トンネルを抜け出すことができた人たちも多いのです。

このように、依存場面では、親または親代わりとしてのカウンセラーが最も頼りになる対象ですが、それ以外には、兄弟や先生、学校の先輩や友だち、さらには恋人などが支えになってくれます。心の拠り所になってくれる人はみな、自分のことを認めてくれる人です。よいときの自分だけでなく、ダメなときの自分を見ても見捨てずに認めてくれる、そういう人の存在がトンネルの中を歩く不安をやわらげてくれます。

一方、自立場面では、友だちが最も大きな役割を果たします。学校の中では、クラスや部活動、学校行事への取り組みなど様々な行事の中で、友だちと関わり合いながら、お互いに自立に向かって進んでいきます。親との関わりを通して自立に向かうという要素もありますが、圧倒的に多いのが友だちとの関わり合いを通してです。社会的立場の違いや利害関係の対立などがない学生時代は、一個の人間としての自立をめざすために様々な経験を得ることができる貴重な時期なのです。

私はクラスを担任すると、クラス内に班を作り、各班に班ノートを持たせて、各班内で一人ずつ毎日交代して思うところを一ページ以上書いてもらいました。各班のノートに私のコメントを赤ペンで書き入れて返し、同時にその日の提出分全てをコピーし印刷して「クラスつうしん」として全員に配りました。こういうやり方で一年間を通すのですが、班ノートに書かれてくる内容が、毎回秋頃から大きく変わっていきます。自分の心の中の悩みや思うことなどが次々に書かれていきます。互いに書き合うことを通して、クラスメートへの信頼感が増し、人間関係が深まっていきます。

大学受験勉強のために毎日長時間の受験勉強に追われる生徒たちを担任した時も同様です。このような班ノートと「クラスつうしん」によるホームルーム指導を繰り返すことで、人間関係が作られ、個々人の心が安定し、受験勉強にも集中して取り組むことができて、センター試験から大学入試本番までそれぞれが力を十分発揮することができます。

政治や社会の問題をはじめとして、学校へ行くのがつらくなったとか、親への不満だとか、進路の悩みから恋人のことまで、こんなことまで書いてもいいのかと思えるような個人の心の問題まで書くようになります。それにつれてクラス内での人間関係がますます深くなっていきます。

書き始めは抵抗を持つ生徒も多いのですが、やがて書くことに楽しさを見つけてくれます。それは、自分の思いを表現する喜びと、自分の表現をしっかりと読んで受けとめてくれる人がいるという安心感が得られるからであり、さらに他人の思いを知ってお互いの人間関係を深めることができるからだと思います。

自分をわかってくれる人がいるということ、このことが「思春期トンネル」を抜け出すために必要な自立的側面での最も大きな要素だと思います。

(イ) 自分で考え、行動していく

思春期の特徴は「仲間を意識し、集団や社会との関わりのうちに、自己を作る時期」ですから、友だちの目がとても気になります。さらに「自分を見つめ、とらえ、自分の人生を考えていく時期」ですから、体が大人に近づくにつれ、考え方や行動も、大人の振る舞いを意識しはじめます。

今、日本の社会では個性の尊重が盛んに叫ばれていますが、学校の中では、生徒たちは、自分の個性を発揮するのでなくて友だちや周りにいかにうまく合わせるかに腐心しています。「空気を読めない」などという言葉が流行するほどに、周囲の人に合わせられない人が白い目で見られてしまいます。だから、周囲の目を常に意識しなければなりません。しかし周囲の意見にとらわれてばかりでは、自分はどうしたいのかがわからなくなってしまい、たたずみ動けなくなってしまいます。

不登校など様々な不適応を起こす子どもたちは、ほとんどが、まじめで誠実にものごとを考えようとしています。周りの人たちに対してもよく気を配り、自分が周りの人たちからどう見られているのかをたえず気にします。

カウンセリングによって回復した人たちの多くが、「人にはそれぞれの考えがあって、それぞれの生き方をしている。だから、自分は自分の思いや考えを大事にして、自分の人生を歩くことが必要だ。自分は自分でいいんだ」という考え方ができるようになっていきました。

ところがカウンセリングの途中では、「自分の考えを持つことが大事だ」と言うと、「自分の考えって何ですか？」とか「どうやったら自分の考えを持つことができるようになりますか？」と聞かれることがよくあります。

「自分の考え」ははっきり目に見える形で存在するわけではありません。「自分はこう思う」ということがそのまま「自分の考え」になっていきます。しかし、思春期に至るまで、親の顔色をいつも気にしていたり、周囲の友だちに合わせて行動してきたりした場合、「自分はこう思う」という「思い」が間違っているのではないのかと考えてしまうことが多々あります。だから、どう考えたらいいのかもわからなくなってしまうのです。親も、友だちも、どんなに言い合いをしても、ケンカをしても、やがて、仲直りできるものだということが実感としてわかっていると、安心して自己主張できるのですが、そういう経験をほとんどせずに思春期まで来てしまった場合、自己主張することが相手を傷つけ、自分が見捨てられたり仲間はずれにされたりするのではないかと考えてしまうのです。だから、「自分の考え」を持つことができないのです。「そういうふうに思うことも自分の考えにほかならないんだよ」と話してみても「こんなのは考えには当てはまらない」と応えます。それほどまでに自分を否定的に捉えてしまうのです。

私は、カウンセリング場面でよく次のようなことを言います。

「ありのままの白分でいい。人はそれぞれ皆違う。違っているからいいんだ。だから、ありのままの自分で生きていけばいい」

「自分の考えを持つこと。そのためには、自分を褒めること。夜寝る前にその日の自分を振り返って三つ自分を褒めなさい」

普通以上に周りの人の目を気にして生きている人は、自分を否定的に見ています。だから、友だちの言葉が気になるのです。「自分を褒める」ことを繰り返していくと、少しずつ自己肯定感が作られます。自己肯定感は「自分はありのままの自分でいい」という考えを生み出していきます。

しかし、できることなら、思春期に入る前に、親や友だちとの関わりを通して「自分は自分でいい」という肯定感を持ってほしいと思います。

「もう一度小学生をやり直せるとしたらどんなことをやりたいか」

かつて、不登校で相談に来た多くの高校生たちに、自分が小学校の頃どのような生徒だったのか、そして、もう一度小学生をやり直せるとしたらどのようなことを主にやりたいかを問うたことがあります。

そこから出された意見は次の通りです。

①友だちと、大勢で、外で、体を使って、遊ぶ。
②失敗しても恥ずかしがらずに挑戦する。
③たとえケンカしてでも、自己主張すべき時は自分の意志をはっきり伝える。
④自分の良いところを自分で褒める。

⑤勉強以外に自分が夢中になれるものを一つでいいから見つける。
⑥テレビやテレビゲームは、時間を決めてやる。
⑦勉強は主要教科以外も含めてまじめにやる。
⑧夢を持ち続ける。
⑨自然と触れ合う時間を大事にする。
⑩子供会など地域の活動に参加する。
⑪読書をできるだけする。
⑫我慢すべき時にはしっかり我慢する。
⑬スポーツ少年団などの活動に打ち込む。
⑭親の言うことをよく聞いて守る。
⑮先生の言うことをよく聞いて守る。
⑯ボランティア活動をやる。
⑰動物と触れ合う時間を大事にする。

この意見を見ると、小学校の時から友だちと外で体を使って遊ぶことがいかに必要かがわかります。「思春期トンネル」の中にしゃがみ込んでしまった人の多くが、もっとみんなと一緒に遊び、自分の思いをはっきり言い、自分を肯定するような生き方をしたかったと言います。

思春期を越えて大人になっていくためには、友だちとの関わりと自分の考えをしっかりと持って自己主張する力がいかに必要かを物語っていると思います。

4　思春期の子どもたちへの親の関わり

思春期の特徴について述べてきましたので、次に、思春期の子どもたちに親はどう対応したらいいのかを綴ってみます。

（ア）子どもを一個の独立した人間として尊重すること

思春期の特徴として、依存と自立の間に揺れながら自立に向かうという点を上げましたが、思春期の子どもたちが最も嫌う親の姿勢は、親が子どもをまるで所有物であるかのように扱うことです。親にしてみれば「あなたのためを思って言っている」のですが、子どもは、「親の持ち物」のように扱われて自分の自由が認められないと思ってしまうのです。面と向かって親に、自分の意見を言うことができる子どもは大丈夫ですが、親の言うようにすることが自分の考えであるかのように思ってしまう子どもや、心の中では反抗するのですが実際場面では反抗できずにストレスをため込んでしまう子どもは、ひとたびつまずきや挫折があるとどうしたらいいのか自分でもわからなくなってトンネル内で動けなくなってしまうことがあります。

親の言うとおりに歩いてきて、大学生になって一人暮らしを始めたらパニックになってしまったという学生の相談をずいぶん受けてきました。親の考える「喜び」や「幸せ」が、子どもにとっても同じ「喜び」や「幸せ」であるはずだと考えて、「親の言うとおりにしなさい」と子どもに強要する、そのことが、結果として子どもの自立を妨げていたという例がとても多いのが現実です。

では「子どもを一個の独立した人間として尊重する」ために具体的にはどのようにしたらいいのでしょうか。

①ニコニコ見守り話を聴く

子どもの話をしっかり聴いて子どもの思いを受けとめる。これが、子どもの依存したい思いに応え自立しようとする心を育てるために最も大事な対応の仕方だと思います。

親が話をしっかり聴いてくれるという実感があると、子どもの心は安定します。話を聴いてもらえるということが、自分を受け入れてもらっているという思いを抱かせます。その結果、自分の思いを口に出していきますし、聴く姿勢を親に対しても、友だちに対しても持つことができるようになります。

ところが、実際には親はなかなか子どもの話をニコニコ笑って聴くということができません。

仕事や家事が忙しくて時間的な余裕のないことが最大の原因です。さらに、親が自分の考えに固執しているためという理由なども考えられます。

思春期に不適応を起こす子どもたちに接してみると、親子の会話が円滑になされていない家庭が大半です。親の方では親子の会話がなされていると考えていても、子どもの方では「親は自分の意見を押しつけてくるだけで、こちらの話は聴いてくれない」と思っている場合が多いのです。親は子どもに対してなにかと教訓的なことを伝えたがります。親の意見を伝えることは必要ですが、まず子どもの思いや意見をしっかり聴くということが親子の会話の条件です。

思春期の子どもは、社会のあり方や人間の生き方などについて深い関心を持っています。ニュースを見ての会話や、親が自分の過去の歩みを語ったりすることが、子どもとの心のパイプを繋いでいきます。どのような会話でもかまいませんが、親が一方的に意見を述べるのではなく、まず子どもの話にしっかりと耳を傾けることが大切です。その繰り返しが、子どもに、自分は親に見守られている、受け入れられているとの安心感を抱かせ、自分の考えをはっきり表現して、自立に向かう力を培います。

②失敗した時こそ親の出番

思春期の子どもは、任されると力を発揮します。ただ、もしうまくいかなかったらどうしようかと、先のことが不安でもあります。不安が強い人は、行動に移すことができずに立ち止まってしまいます。ですから、「何かをやろうとしたときには失敗はつきものだから、先のことは考えずに思い切ってやってみよう」と強く後ろから押してやることも必要です。

小学校の頃に失敗しても再び挑戦するという経験を重ねてきた子どもは、失敗による恥ずかしさよりも、やってみようという好奇心や意欲の方が強いために、思い切った行動を起こすことができます。ところが、失敗を恐れてものごとに意欲的に取り組んでこなかった子どもは、思春期になると恥ずかしさやプライドのためにいっそう行動に移すことが苦手になってしまいます。

交通事故や怪我や病気や様々な「事故」に対しては避けるための注意を日頃からしていく必要があります。しかし、そういった注意とは別に、日常生活において「転ばぬ先の杖」を出すことは子どもの成長にとって決してプラスになるわけではありません。それよりも、ゆっくりと見守って、転んだら、つまり失敗したら、「いいんだよ、人はみんな失敗を繰り返して大人になるんだから」と親が言ってやり、さらに「今度失敗しないようにするにはどうやったらいいかよく考えてごらん」と付け加えてやれば、子どもは意欲を持って次にまた挑戦していきます。

思春期でも対応は同じです。日常生活での様々なつまずきや失敗などに直面したときこそ、親が「いいんだよ、また次に失敗しないようにがんばれば」と子どもを受け止め支え励ましてやることが必要です。「事故」などといったこと以外での思春期での「失敗」は、その人間が大きく飛躍するためのチャンスだと捉えるくらいの「プラス思考」が必要かと思います。

③叱る時は、行為を叱って人柄を叱らない

子どもを見守るとか、話を聴くとか、受けとめるとか言うと、子どもを甘やかすことにならないかと心配する人がいますが、日常生活ではいくら叱ってもかまいません。ただし、叱るときは「行為を叱って人柄を叱らない」というのが鉄則です。

悪いことをした場合、その行為はどんなに叱られても子どもは「すいません」と謝ります。ところが、行為に触れながら「あなたはいつもそうなんだから」とか「この前もそうだったでしょう」「まったくあなたはダメなんだから」などと、行為以外のことまで触れて叱ると、子どもはそっぽを向いてしまいます。

叱ることがきっかけで親子げんかになってしまってもかまいません。子どもは親から見捨てられるかもしれないという不安を持っているときには、親子げんかもできません。けんかしてもやがて仲直りしていけば、そのことを通して人間への関わり方を学ぶことができます。しかしその場合でも、行為だけを叱ることが鉄則です。

(イ)偏差値「学力」第一主義の克服

繰り返し述べてきたように、今の日本の子どもたちの多くは、学校での勉強の成績が自分という人間を推し量る尺度であるかのように思ってもがいています。自分は「勉強ができる」から、

「他の人より優れている」と思い、勉強のできない子を人間的に劣っているかのように思ってしまう子が多くいます。一方、自分は「勉強ができない」から「ダメな人間だ」と考えてしまう子が非常に多くいます。カウンセリング場面で出会う多くの子どもたちが、この「学力」で自分や他人を推し量ってしまう考え方に支配されて苦しんでいます。

「勉強」をがんばって、「少しでも偏差値の高い高校、大学へ進むこと」が「自分の価値を決める」かのように子どもは考え、親は「だから勉強をがんばりなさい」と励ます。ところが、学生を終えて社会人になると、責任感があるかとか、誠実であるかとか、行動力や社交性や快活さや、仕事がよくできるかなどといった、「学生時代の勉強の成績」とはほとんど無縁の尺度によって、人となりが評価されます。だから、「勉強の成績によって人間までが評価されてしまうのはおかしい」とわかっているのですが、それでも我が子には「勉強をがんばりなさい」と親は要求します。今の日本の学校教育が、そこまで親や子どもを追い込んでいるのです。

「勉強をがんばる」ことはとてもすばらしいことです。学問をしっかり学ぶことは、自分の生き方や社会のあり方を学ぶことに通じます。どの職業に就いても勉強は必要です。しかし、「学校での勉強ができるかどうか」とか「偏差値の高い高校や大学に入ること」がまるでその人間の価値を決めてしまうかのように考えるところに問題があるのです。そのような考えを持つと、親は「勉強ができる」我が子を自慢し、「勉強ができない」我が子を「できの悪い子だ」と考えてしまいます。社会的には、エリート校に入学できる高校生や大学生は少数ですから、大多数の生徒たちが「自分は勉強ができない人間だ」と考えてしまいます。したがって、多くの子どもたちが「親の期待にも応えられない、自分はダメな人間だ」という自己否定感を抱いてしまうのです。

相談に来る子どもたちの多くが強い自己否定感を持って苦しんでいます。しかし自己否定感を口にすることは、自分が「勉強競争」の学校社会における「敗北者」を宣言することになってしまうと考え、心の中に封じ込めてしまいます。だからうっ屈した思いはますます心の中に積もっていつ爆発しても不思議ではない状態になってしまうのです。

ところが、前述のように高等学校でクラスを担任して、生徒に「班ノート」を書かせてお互いに自分の思いを表現し合うことをさせてみると、うっ屈しているはずのこの「自己否定感」を表現する生徒が毎年必ずと言っていいほど現れました。そしてクラス内で誰かが書くと、引きずられるようにして次々に心の不安や自己否定感などを書く生徒が現れてきます。その結果、「勉強」とは異なる側面での個性がお互いの中に表現され、クラスの中の人間関係が深まっていきます。自分を表現し、クラスの仲間に受けとめられると、相手のことも受けとめようとする。そうして、自分自身について考え、仲間や社会のことにも目を向けていく。だから、個々人の心が安定していきます。そのような若々しく瑞々しい力を思春期の子どもたちは持っています。したがって、今日の日本の学校教育制度のもとで、そのような力が発揮されずに個々人の心の奥に封じ込められ、「自己否定感」や「不安感」を抱えてしまっているのが子どもたちの現状だと言えましょう。「普通に」学校に通っている子どもを持つ親御さんの多くから「いくら理想を言っても始まらない。現実が学力による競争社会だから、その現実に適応させるのが子どもにとっての幸せだ」という声をよく聞きます。しかし、我が子がひとたび不登校や不適応を起こすと、「勉強競争」がいかに子どもの心を歪めていたのかに気づき、深く嘆きます。

繰り返しますが、学校の「勉強」をしっかりとやって幅広い知識を得たり学問を学ぶことは必要です。しかし、「勉強の成績」によってその人間の価値を定めてしまうかのような捉え方で子どもや人を見る見方が問題なのです。

学校の勉強もしっかりがんばり、同時に、部活動に励み、学校行事に全力で取り組み、クラスの人間関係を大切にする。これらは決して「両立できない」ものではありません。これらのことは、人生の中でも学生時代にしかできないことです。しかも、やがて社会に出て行ったときに大人としての人間関係を円滑に推し進め、自分の人生を自分で築き上げていくためにも必要なことなのです。この「両立」の大事さを、不登校や様々な不適応によって相談に来た子どもたちは、苦しみの叫び声として訴えているように思えてなりません。

第３章　相談場面で子どもを励ます言葉

最後に、相談場面で私が子どもたちを支え励ます時、多く使う表現を紹介します。不適応を起こしている子どもに対応するときの参考になればと思います。

①「自分はダメな人間だ、と言ってはいけない。自分はダメなところがある人間だ、と言葉を換えて言ってごらん」

「人間は全て、心の中に○と×とを持って生きている。良いところ、○ばかりな人はこの世に一人もいない。ダメなところ、×ばかりの人もいない。自分のダメなところを指摘されたら、恥ずかしい思いをするでしょう。しかし、指摘してくれた人も、周りの人も、心の中にはたくさんの×を抱えて生きている。だから、自分だけに×があると考えてはいけない。そのうえで、指摘された自分の×を○に替えていけばいい。そのたびに○が増えていってすばらしい自分ができあがる」

これは私のよく言う言葉です。不適応を起こして相談に来る子どもはほとんど全て強い自己否定感を持っています。誰かから少しでもダメなところを指摘されると、まるで自分が全否定されてしまったかのように思い、しょげてしまいます。その時、立ち上がるために励ます言葉がこれです。

人は言葉でものを考えます。だから「自分はダメな人間だ」という言葉を用いると、その言葉によって自分を全否定してしまいます。ところが「自分はダメなところのある人間だ」という言葉を使うと、「指摘されたこの点が自分はダメなところだ。しかし、他に自分には良いところもあるんだ」と、ダメな部分を限定して認識することができます。

さらに、「自分だけがダメな部分があるのではなく、周りの人間全てが同じようにダメなところを持つ人間だ」と認識することによって、自己否定感を薄めることができます。

このように、カウンセリングでは、言葉を置き換えることによって考え方を変えて適応を図ろうとします。さらに、指摘された自分のダメな部分を意識的に治していくことによって、一歩ずつ自分をすばらしい人間へと変えていくように支援します。

思春期は「第二の誕生」の時ですから、こうして自己の再構築を図る時でもあります。

②「自分をありのままに認めること」

自分のダメなところも、良いところも全てをまずありのままに認めること。

自己否定感が強いときは、この「ありのままに認める」ことがなかなかできません。①のように「人間は全て、心の中に○と×とを持って生きている。良いところ、○ばかりな人はこの世に一人もいない。ダメなところ、×ばかりの人もいない」。だから、○も×も含めて全て自分の中のものをまず「ありのままに認める」ことが必要です。

「ありのままに認める」と進歩成長しなくなってしまうのではないかと不安を抱くことがあるかもわかりませんが、「認める」のは自分を丸ごと肯定することではありません。自分の中に○と×とがあることを認めることであり、自分の中の×をありのままに認めることです。

不適応を起こしている人の多くは、自分の嫌な部分やダメな部分をよく理解しています。「そういう自分がダメなんだ」と思っています。しかし、「そういう自分がダメなんだ」と否定的に捉えるばかりで、「そういうダメなところがあってもいいんだ」とは決して思いません。「全ての人間がダメなところを持っている」のだから、「自分にもダメなところがあってもいいんだ」と考え、まず自分のダメなところを「ありのままに認める」ことができると、不思議なほどの落着きが心の中に生まれてきます。

不適応を起こして相談に来た人たちの回復は、ダメな部分を含めて自分自身を「ありのままに認め」、これが自分の個性なんだと自分を捉えるところから始まります。「自分の個性」だから、人と違っていて当然です。「良い」も「悪い」も関係ありません。

例えば「自分は友だちに対して自分の考えをはっきり言えない」という場合、その「ダメなところ」は「個性」であって、「良い」とか「悪い」とかの価値とは無関係です。「はっきり言える」ことが優れたことで、「はっきり言えない」ことは劣っているというものではありません。ところがこの「個性」を「優劣や良い悪いの価値」と混同して捉えて苦しんでいる人が多いのです。だからまず、「自分は考えをはっきり言えない」のだとしたら、「はっきり言えない」ことを劣った価値と考えないで、個性の一つとして考え、自分のそのような一面を「ありのままに認める」ことです。認めたうえで、そういう自分が嫌なら、「自分の考えをはっきり言える」様になるためにどうしたらいいのかを考えていけばいいのです。もし、「はっきり言えない」ことがそう嫌ではないとしたら、「はっきり言えない」ことを対人関係の中に活かすような方法を考えていけばいいのです。人には話し好きの人もいれば聞き上手な人もいます。数人の仲間で集まって話の花を咲かせている姿を見ると、話す人がいれば、相づちをうって聞く人がいて、様々です。「聞いてくれる」人がいるから話す人がその場にいられるのです。全員が「話したがりや」だったら、十分話せない人は欲求不満になってしまいます。だから「はっきり言えない」けれど「話をよく聞くことができる」というのも一つの個性です。これを自分の納得できる「聞き上手」に作り上げていけば、それはすばらしい個性の一つになります。

人の性格では「明るい」ことが良いことで、「おとなしくて静か」は良くないことのように言われることがありますが、「明るさ」も「静かさ」も個性であって、価値を含まないものなのです。「おとなしくて静か」な人でも、まじめで誠実で仕事に対する責任感があって、会社の上司や同僚から厚く信頼されている人はたくさんいます。その人は、「おとなしく静か」な自分をそのまま発揮して、職場での信頼を得ているのです。作家や芸術家などには「おとなしくて静か」な人はたくさんいます。皆個性なのです。

したがって、自分の中のダメな部分をまず個性として「ありのままに認める」こと、そして、その個性が嫌なら変えるための方法を考えること、嫌でなければその個性を活かす方法を考えること、そのような思考が、不適応を克服していくときに必要な考え方ではないかと思います。

③「毎日、寝るときに、その日の自分を振り返って、三つ自分を許し、三つ自分を褒めてください」

カウンセリングで出会った人はほとんどが「自分を褒めるなど、考えたこともない」と言います。自己否定感を強く持っているために「自分を褒める」ことができないということなのですが、「自分を褒める」ことが傲慢になってしまうのではないかと考えるためでもあります。不適応を起こす人の多くは、傲慢になる人より、むしろ、自分を否定的に捉えている人が大半です。だから、「自分を褒める」ことによって、「自分は自分でいいんだ」「自分の個性を大事にすることが大切だ」という考えを手に入れてほしいのです。

自分の行為を褒めることができるようになったら、友だちや、自分が関わる相手の行為を褒めるように努めていきます。自分を認め、相手の良さを認めることができると、心に愛が満ちていきますから心が安定していきます。心が安定すると、社会生活への適応もスムーズに運びます。

④「苦しんでいるときは実は大きく飛躍するためのチャンスでもあるんだよ」

「人は上に高くジャンプしようとするとき一度膝を曲げるでしょう。上に飛び上がるためには一度下に体を落とすんだよ。今苦しんでいるのは、大きくジャンプして、今までの自分とは違う大人の自分を作ろうとしているからだよ」

不適応で苦しみもがいているときは、「思春期トンネル」の暗い中にうずくまっているときです。周りが見えないし自分の状態も見えません。だから苦しいのです。しかし、苦しみは次のより高いジャンプのための準備期間なのです。そのように自分の状況を捉えることができると次のステップへと足を踏み出すことに少し勇気が湧いてきます。

カウンセラーはクライエントに対したとき、この視点を常に持ちつづけている必要があると思います。

⑤「真っ暗な思春期トンネルの中にぼくも入って、横を歩いていく。出口が見えて外へ出られるまで一緒に歩いていこう」

カウンセリングの基本はクライエントとの信頼関係です。これなしには相談は進みません。「思春期トンネル」の中でうずくまってどうしたらいいかわからずにいる生徒に対して、カウンセラーは、必ず寄り添いつづけるからと伝えます。そしてクライエントの苦しみに寄り添います。

一方、親御さんには、子どもに対して「あなたを絶対に見捨てない。あなたは私たちにとって大事な存在だから」というメッセージを常に送りつづけてほしいとお願いします。カウンセラーがどんなに支えても限界があります。親あっての子どもです。したがって、子どものカウンセリングでは親御さんとの協力態勢作りが重要な鍵となります。

カウンセラーと親御さんがともに、子どもに寄り添うという姿勢を貫くことが回復のために必要なことです。

以上の言葉を、私はカウンセリング場面においてよく使います。人は言葉によって考え、悩み、自分の行く道を定めます。だから、言葉の使い方は、苦境から脱出するためにきわめて重要なポイントとなります。カウンセリング場面において、言葉はまるで命を持った生き物のように自在に動きます。それ故に、カウンセラーは、言葉を大事にしつつ、同時に、言葉の奥に流れる感情の揺れを感じ取る心を持つことが必要だと思います。

　カウンセラーがクライエントの感情の揺れを感じ取る心を持ちつづけるためには、カウンセリングにおける最高の指導者はクライエントだという思いを常に持ってクライエントに接することが大切だと思います。その思いを持ちつづけて初めて、カウンセラーの言う言葉が生きた力となってクライエントの心に届くのだと思います。

終わりに　…「子どもたちの目が輝くように」

「目の前の子どもたちの姿を見れば、10年後20年後の社会の様子がわかる」とよく言われます。私はその国が成熟した社会を作り得ているか否かをはかる尺度として「子どもとお年寄りと病気の人が大事にされているかどうか」をもって考えるようにしています。その尺度から見ると、今日の日本は残念ながら成熟にほど遠い存在です。

カウンセラーとして接する子どもたちは、みな心に深い闇を抱えて苦しんでいます。しかし、じっくりと話を聴いて心を通わすことができてくると、驚くほどの瑞々しく力強い人間力を心の奥に秘めていることがわかります。そんなすばらしい力をすべての人が持っています。ただ黒い雲に閉ざされて、自分でさえもその存在に気づいていないだけなのです。

子どもたちの持つ瑞々しい力や人間力を雲の向こうに隠して、子どもたちを苦しめている人、それは、まぎれもなく今の日本の大人たちです。今日の日本の教育制度がいかに子どもたちを苦しめているかは、再三述べてきました。しかし、その制度を作ったのは大人たちです。そして、その大人の一人として私自身も在るということ、そのことが、カウンセリングの場で出会う子どもたちを目の前にして私が一番心を痛めることです。

制度は人間が作ったものです。したがって、人間の手で作り替えることができます。制度に目を伏せたまま、目の前の子どもに対応するだけでは、次々に生み出される子どもたちの苦悩に対処しきれません。したがって、制度そのものを改めていく努力を大人の一人として行っていくこと、このことを抜きにして子どもたちのもがきに対応することはできないような気がします。否、制度を改めるための努力やもがきを大人であるカウンセラー自身が行って初めて、目の前の子どもたちのもがきに共鳴できるのではないかと思います。

カウンセラーとして35年余、主として思春期の子どもたちの苦悩を聴かせてもらってきました。紙幅の都合で三人の例しか記載できませんでしたが、この三人の苦悩の奥には、カウンセラーとして関わらせていただいた数多くの人たちのもがきが潜んでいます。個々の苦悩はことごとく「黒い雲」の影を帯びているからです。

今回、子どもたちに対するカウンセリングの実際を表現する機会を与えてくださった静岡新聞社出版部及び出版に至る作業を行ってくださった大滝成治氏、堀井理恵氏に深く感謝申し上げます。

今も苦しむ子どもたちやその親御さんにとって、少しでも参考になれば幸いです。

蔭山昌弘

〈著者略歴〉
蔭山　昌弘（かげやま　まさひろ）
1947年静岡市生まれ。
城内カウンセリング研究会代表。
カウンセラーとして35年、幼稚園児から高校生にいたる子どもたち、及びその親からの相談を受けている。
2007年３月まで38年間公立高校の国語教員を勤めて退職。
現在は静岡産業大学及び静岡雙葉学園講師。
日本学校教育相談学会認定学校カウンセラー。
日本教育カウンセラー協会上級教育カウンセラー。
著書『お母さんのための子どもの心をひらく子育て』（黎明書房）
『現場教師のための学校カウンセリング入門』（黎明書房）
『子どもを救う学校カウンセリングの進め方』（黎明書房）
『失敗例に学ぶ学校カウンセリングの心得』（共著・黎明書房）
『四十九日』（静岡新聞社）
『四十九日』（幻冬舎文庫）
『子どもたちに輝く目を』（静岡県教育文化研究所）

思春期トンネル
—高校生カウンセリングの記録—

平成20年８月23日　初版発行

著　者　蔭山　昌弘
発行者　松井　　純
発行所　㈱静岡新聞社
〒422-8033　静岡市駿河区登呂３-１-１
☎054-284-1666

印刷・製本　図書印刷
ISBN978-4-7838-2224-0　C0011